FUNDAMENTOS
DA EDUCAÇÃO SOCIAL

Viktor N. Shulgin

FUNDAMENTOS
DA EDUCAÇÃO SOCIAL

1ª edição
EXPRESSÃO POPULAR
São Paulo - 2022

Copyright © 2022 by Editora Expressão Popular Ltda

Título original: ОСНОВНЫЕ ВОПРОСЫ СОЦИАЛЬНОГО ВОСПИТАНИЯ, Moscou: Rabotnik Prosveshcheniya, 1924 (126 p.).
Tradução do original russo: *Natalya Pavlova e Luiz Carlos de Freitas*
Preparação: *Cecília Luedemann*
Revisão: *Letícia Bergamini Souto*
Projeto gráfico, diagramação e capa: *ZAP Design*
Imagem da capa: "Живописная конструкция".
Lyubov Sergeyena Popova (1889-1924), 1920.
Impressão e acabamento: *Cromosete*

Dados Internacionais de Catalogação-na-Publicação (CIP)

S562f
Shulgin, Viktor N.
　　Fundamentos da educação social / Viktor N. Shulgin ; tradução do original russo: Natalya Pavlova e Luiz Carlos de Freitas. --1. ed. -- São Paulo : Expressão Popular, 2022.
　　136 p.

　　ISBN 978-65-5891-062-6
　　Título original russo.

　　1. Pedagogia socialista. 2. Educação social - Fundamentos. 3. I. Pavlova, Natalya. II. Freitas, Luiz Carlos de Freitas. III. Título.

CDU 37.015.4

Catalogação na Publicação: Eliane M. S. Jovanovich CRB 9/1250

Todos os direitos reservados.
Nenhuma parte desse livro pode ser utilizada ou reproduzida sem a autorização da editora.

1ª edição: junho de 2022

EDITORA EXPRESSÃO POPULAR
Rua Abolição, 197 – Bela Vista
CEP 01319-010 – São Paulo – SP
Tel: (11) 3112-0941 / 3105-9500
livraria@expressaopopular.com.br
www.expressaopopular.com.br
ed.expressaopopular
editoraexpressaopopular

SUMÁRIO

Apresentação da edição brasileira 7
Luiz Carlos de Freitas

Prefácio do autor 23

I. Sobre as finalidades da educação 27

II. A atualidade e as crianças 47

III. Sobre a auto-organização 67

IV. Sobre os objetivos do trabalho 95

V. Sobre a questão da formação de professores 127

ИНСТИТУТ КОММУНИСТИЧЕСКОГО ВОСПИТАНИЯ

В. Н. ШУЛЬГИН

ОСНОВНЫЕ ВОПРОСЫ СОЦИАЛЬНОГО ВОСПИТАНИЯ

> „Философы лишь объясняли мир так или иначе, но дело заключается в том, чтобы изменить его".
>
> К. Маркс.

Издательство
„РАБОТНИК ПРОСВЕЩЕНИЯ"

МОСКВА — 1924

APRESENTAÇÃO DA EDIÇÃO BRASILEIRA

Luiz Carlos de Freitas[1]

Vivemos em uma época em que os sinais de esgotamento da era do capital são cada vez mais evidentes: enfraquecimento da hegemonia estadunidense e as disputas que se abrem com este fato; a queda tendencial das taxas médias de lucro globais; fortalecimento dos conservadores em articulação com os neoliberais, em uma aliança que já havia ocorrido em meados do século XIX; implantação de formas de exploração baseadas em alta tecnologia que afastam cada vez mais o ser humano dos processos produtivos, abrindo caminho para uma crise na produção de valor; crescente insatisfação das classes exploradas pelo aumento das desigualdades sociais e o recrudescimento das formas intensivas de extração de mais-valia; crise climática crescente; o niilismo pós-moderno que resmunga e rosna contra o neoliberalismo, mas só consegue visualizar saídas utópicas; o questionamento da própria democracia liberal que revela, por um lado, o desencanto das classes exploradas com os resultados pífios da social-democracia ou da centro-esquerda, evidencian-

---

[1] Professor titular aposentado da Faculdade de Educação da Universidade Estadual de Campinas/SP (Unicamp).

do dificuldades crescentes na luta institucional e, por outro, o desejo das elites, prescientes do agravamento das crises, de implantar formas autocráticas de governo que as blindem deste esgotamento lento mas persistente, entre outros sinais.

A ofensiva neoliberal/conservadora vê a educação como área estratégica e, desde os anos de 1970, põe em prática um cerco às redes de ensino e às escolas como forma de garantir o controle político e ideológico dos processos educacionais, procurando manter a formação da juventude no âmbito de suas finalidades educativas, em um esforço para que a solução da crise em curso se dê no âmbito destas.

O lançamento deste livro de Viktor Nikolaevich Shulgin,[2] *Fundamentos da Educação Social*, gestado nos anos que se seguiram à Revolução Russa de 1917 e publicado em 1924, no calor da guerra civil que ocorreu após a revolução, é uma importante ajuda para visualizarmos caminhos que a educação pode trilhar nesta travessia que, mais cedo ou mais tarde, também teremos que enfrentar para superar o atual estado de coisas, em direção

---

[2] Viktor N. Shulgin (1894-1965) formou-se na Faculdade de História e Filologia da Universidade de Moscou em 1917. Foi historiador e professor e atuou como membro do Conselho Científico Estatal, na Seção Científica e Pedagógica, de 1921 a 1931, e foi também membro do Comissariado do Povo para a Educação, de 1918 a 1922, como vice-chefe do Departamento de Reforma Escolar, e de 1922 a 1931, como diretor do Instituto de Métodos de Trabalho Escolar. Seu conceito de pedagogia envolvia uma estreita ligação entre a escola e o meio, a produção, as organizações sociais e políticas e a participação ativa dos estudantes no meio social. Seu objetivo era a formação de um novo ser humano, alinhado com uma sociedade comunista. Defendia também a ideia de escolas politécnicas junto aos aparatos produtivos e essa proximidade com a produção e a vida em geral, bem como o método de projetos, especialmente ao final da década de 1920, o que levou a ser considerado um defensor da eliminação das escolas – razão pela qual foi criticado, e afastado em 1931. Foi exilado em 1932 em Chelyabinsk, mas voltou a Moscou em 1938, onde atuou no Museu da Revolução como pesquisador.

a uma etapa de transição socialista que nos permita construir uma nova ordem social.

Do ponto de vista mais imediato, fornece elementos para que possamos, desde já, analisar criticamente as próprias experiências que estamos criando para nos contrapormos a esta investida do capital e que se desenvolvem atualmente no interior das contradições que as crises vão alimentando. O leitor encontrará, aqui, uma crítica dura em relação às teorias educacionais burguesas, nascentes à época da Revolução Russa, mas que atravessaram o século XX e chegaram até nós, às vezes sob nova roupagem.

No século XXI, face a este cenário de crises, grandes lutas estarão em curso e precisaremos de toda a experiência acumulada pelas classes exploradas em suas lutas para construir uma sociedade socialista que não poderá prescindir de uma educação socialista. Este "pequeno livro", como o chama Shulgin, descreve como a Revolução Russa construiu uma estratégia para resolver, no seu tempo e condições, esta questão.

A Revolução Russa foi o evento mais significativo do século XX e reuniu condições inéditas para ensaiar – em meio a erros e acertos – novas formas e conteúdos para a formação da juventude. Como alerta Wallerstein, uma revolução não se avalia somente pelos resultados imediatos que produz, mas pelos efeitos que desencadeia no médio prazo.

Infelizmente, tanto à direita quanto à esquerda, o que se ouviu com mais frequência foram os ecos de seus erros, às vezes até mesmo produzidos pelo próprio Partido Comunista da URSS e seus representantes ocidentais empenhados em legitimar disputas internas entre visões sobre o curso da revolução. Disto não escaparia a primeira geração de educadores que se dedicaram intensamente a pensar os caminhos da educação sob a transição socialista – notadamente Anatoli Lunacharsky, Nadezhda Krupskaya, Viktor Shulgin e Moisey Pistrak.

APRESENTAÇÃO DA EDIÇÃO BRASILEIRA

Os historiadores russos dividem a história da educação soviética relativa a essa primeira geração de educadores em dois períodos: um que vai de 1917 a 1920 e outro que vai de 1921 a 1930. O primeiro foi destinado à reforma da escola e constituição da pedagogia soviética, enquanto o segundo foi destinado à afirmação da escola socialista e da pedagogia marxista-leninista (Sovietskaya Pedagogika, 1954, p. 123-130). Para nossos propósitos de pesquisa, juntamos os dois períodos em um só: 1917-1930. Note-se que de 1917 a 1921 ocorreu a guerra civil que se seguiu à revolução de 1917, portanto pouco se pode avançar. E devemos considerar que em 1931 a educação passa por sua primeira reforma educacional e muda seu enfoque. Esta é a razão de nosso interesse de estudo nesse período inicial e não nos períodos posteriores.[3]

O livro que agora é publicado pela Editora Expressão Popular é produto da experimentação conduzida na Escola Experimental-Demonstrativa P. N. Lepeshinsky, ou Escola--Comuna, sob responsabilidade do Comissariado do Povo para a Educação, órgão máximo da educação russa após a revolução. Esta experiência gerou um relatório organizado por Moisey M. Pistrak, "A Escola-Comuna" (Pistrak, 2009), prefaciado por

---

[3] Cf. "A luta por uma pedagogia do meio: revisitando o conceito" (Freitas, 2009). Ali apresento um balanço detalhado desse período feito por Pistrak, inclusive minha posição que, em alguns aspectos, discorda do balanço do autor. No entanto, o que apresento ali deve ser tomado como hipóteses a serem desenvolvidas. E isso exige a presença de historiografia profissional que a minha formação não inclui. Em se tratando da década de 1930, em meio ao cerco capitalista e à repressão interna das ideias divergentes, fica muito difícil saber quando, de fato, as afirmações públicas correspondem aos pensamentos. Basta lembrar que Pistrak será denunciado e fuzilado em 1937; Shulgin será afastado do seu posto de trabalho no Comissariado e exilado; Krupskaya será deslocada para uma posição irrelevante, e o próprio Lunacharsky, afastado da liderança do Comissariado do Povo para a Educação em 1929, será assassinado na França em 1933.

Nadezhda K. Krupskaya. Neste, já se verifica a participação de Viktor N. Shulgin.

A Escola-Comuna deveria criar as bases para a organização da educação soviética tendo como referência a Deliberação do Comitê Executivo Central de Toda a Rússia sobre a escola única do trabalho (seu regulamento) e a Declaração conhecida como Princípios Fundamentais da Escola Única do Trabalho – ambas de outubro de 1918.[4]

Escrevendo em 1929, portanto, já ao final do período que estamos considerando, ano em que Lunacharsky, por desavenças com a política de Stalin,[5] deixa o Comissariado do Povo para a Educação, Pinkevitch afirmará em *The new education in the Soviet Republic*,[6] na seção sobre "A escola do trabalho como é compreendida pelos comunistas russos", que ele tomará por base "teóricos comunistas como Lenin, Krupskaya, Lunacharsky, Shulgin e Pistrak" (Pinkevitch e Perlmutter, 1929, p. 198), o que ratifica a importância destes autores na compreensão deste período.

Este livro de Shulgin é a primeira sistematização do período que descreve, a partir da experiência da Escola-Comuna P. N. Lepeshinsky, as finalidades educativas e as categorias que irão orientar a política pública educacional da revolução. Ele faz parceria com outro livro, de M. M. Pistrak, *Fundamentos da*

---

[4] Ver os documentos nos anexos do livro de Krupskaya (2017, p. 267-309).

[5] Desde 1928 as relações já não estavam boas e agravaram-se em 1929, quando Lunacharsky discorda da política da revolução cultural de Stalin para as escolas. Seu pedido de demissão foi seguido pelo de Krupskaya, entre outros. Assume seu lugar Bubnov, um amante da revolução cultural com pouca experiência no campo da educação. Cf. Holmes (2019, p. 119).

[6] O livro é um esforço conjunto para apresentar a educação na União Soviética, cuja tradução é supervisionada pelo próprio Pinkevitch. Em 1937 ele será fuzilado juntamente com Pistrak.

Escola do Trabalho (Pistrak, 2018), também publicado na Rússia em 1924. No prefácio de seu livro, Pistrak escreve:

> Como o leitor perceberá, meu trabalho junta-se ao livro do camarada V. N. Shulgin, *Fundamentos da Educação Social*, ao qual repetidas vezes me refiro e do qual eu tomei emprestado inúmeras vezes. Eu mesmo considero o presente livro como uma continuação natural do trabalho do camarada Shulgin, dedicado principalmente ao exame e à crítica das tendências pedagógicas burguesas contemporâneas. Pareceu-me razoável, depois da crítica da antiga escola, dar continuidade a ele com uma série de problemas da nova escola e esboçar os caminhos de sua solução. (Pistrak, 2018, p. 24)

Shulgin, ao realizar a crítica das teorias educacionais burguesas da época, coloca em cena, por contraste, quais são as finalidades da educação socialista e, alinhadas a estas, quais são as principais categorias que devem orientar a construção da nova escola soviética (atualidade, auto-organização e trabalho), construção esta que o mencionado livro de Pistrak aborda, do ponto de vista da prática. Após fixar as finalidades e as principais categorias educativas, Shulgin, em seu capítulo final, esboçará o tipo de professor de que essa escola precisa. Com isso, cerca as principais decisões da política: quais são as finalidades da educação sob a revolução, quais suas principais categorias formativas e, finalmente, qual tipo de professor pode conduzir essa tarefa.

Dessa forma, penso que estes dois livros – ao lado das Deliberações mencionadas e do relatório da experiência da Escola-Comuna – estão entre os principais documentos que registram a base da política pública educacional que orientou a maior parte desse período. O leitor brasileiro pode, então, a partir destes materiais, construir um cenário das finalidades, categorias e práticas da educação que tem no presente livro de Shulgin um caráter seminal. Um dos grandes ensinamentos desse período, expresso na formulação de Shulgin, foi chamar a atenção para a necessidade de se operar na escola, guiadas pelas novas finalidades educativas da transição socialista, uma série de mudanças em várias dimensões e que vão muito além da pura organização do trabalho pedagógico no âmbito da sala de aula, ou seja, o conteúdo e o volume de conhecimento a ser apreendido, atingindo os métodos e a própria estrutura interna da escola como um todo, abrindo-a para a vida, para o trabalho socialmente necessário,[7] sem perder a dimensão da formação teórico-científica. A experiência russa (Freitas, 2009) mostra que isso não é fácil quando se tem um sistema educativo nas mãos.

Para Shulgin, (e diríamos que isso perpassa essa primeira geração de pioneiros ligados à política pública educacional em construção), essa escola tinha como objetivo formar um novo ser humano que, em uma fase de transição socialista, se preparasse para a fase comunista que deveria começar a ser desenvolvida de forma simultânea no interior da fase socialista. Para ele, isso era uma tarefa imediata e não posterior. Este é o sentido de sua afirmação no Prefácio:

> Este pequeno livro é um resumo expandido das teses de uma série de livros os quais ainda terão que ser escritos, mas que o serão, porque sua escrita será uma exigência da marcha progressiva da grande revolução de outubro. Mas quando forem escritos por alguém em algum momento, suas ideias básicas já estarão

---

[7] Em Marx, "trabalho socialmente necessário é aquele requerido para produzir um valor de uso qualquer". "Como criador de valores de uso, como trabalho útil, é o trabalho, por isso, uma condição de existência do homem, independente de todas as formas de sociedade, eterna necessidade natural de mediação do metabolismo entre homem e natureza e, portanto, da vida humana" (Marx, 1985, p. 48-50).

mencionadas aqui, pois as linhas gerais do futuro edifício, seus pilares principais, já estão claros agora.

Ele tinha consciência de que a caminhada era longa, que estava para além de um esforço da sua geração, que era necessário, como escreve, "preparar nossa própria substituição" e queria formar as novas gerações lutadoras e construtoras de uma sociedade sem classes, que exigia a preparação de um novo ser humano e, portanto, uma nova concepção educacional.

Em seu prefácio à edição do livro *A Escola-Comuna*, Krupskaya (2009, p. 108) também destacaria:

> Outro aspecto que se revelou extremamente bom na coletânea é o desejo incansável dos seus organizadores de ligar a escola com fortes fios à vida social ao redor, transformar a própria escola em parte integrante desta vida, ligada inseparavelmente a ela, e racionalmente organizada.

Das categorias formativas indicadas por Shulgin, a que diz respeito à auto-organização é a mais complexa, tanto para se denominar quanto para se compreender. O termo original russo também pode ser traduzido por "autogoverno", mas nós estamos usando o termo "auto-organização". Para Shulgin:

> seu objetivo é desenvolver habilidades organizacionais, hábitos de vida e trabalho coletivo, para desenvolver a persistência no atingimento dos objetivos colocados pelo coletivo, a capacidade de compreender as pessoas, de agrupá-las corretamente para atingir o objetivo de introduzir gradativamente as crianças na construção da vida, de incluí-los na vida mundial, lutadores pelos ideais da classe trabalhadora.

Pinkevitch dirá que a principal característica da teoria de "autogoverno" russa é sua "base comunista", e continua: "O autogoverno é nosso instrumento educacional mais efetivo para produzir tais organizadores, construtores e lutadores" (Pinkevitch e Perlmutter, 1929, p. 214) – uma formulação que também é o pensamento de Shulgin. E mais adiante, Pinkevitch, citando Krupskaya, registra: "Não se deve ceder ao autoengano e imaginar que os adultos não têm influência e que as crianças agem de forma independente. Mesmo que as pessoas mais velhas não estejam presentes nas reuniões, eles dão o tom geral aos procedimentos e dirigem a autoatividade das crianças em determinados canais" (Pinkevitch e Perlmutter, 1929, p. 221).

Portanto, preferimos traduzir esta categoria por "auto-organização" significando tanto uma dimensão de organização pessoal quanto de organização coletiva – uma forma de preparação para a vida socialista que, como salienta Shulgin, deve ser aprendida desde cedo em interação entre a escola e o seu meio, a vida, tendo o trabalho socialmente necessário como forma de mediação.

Nesta mesma direção, Shulgin admite o papel imprescindível da célula da União da Juventude Comunista e do grupo de Pioneiros atuando junto à escola, mas "sem nenhum privilégio especial", o que reafirma a indicação de Pinkevitch de que uma das características marcantes do "autogoverno" é a sua "base comunista". Nosso entendimento é que o termo "autogoverno" pode sugerir mais do que, de fato, essa categoria envolve, razão pela qual preferimos auto-organização.

Um balanço mais detalhado da evolução desse período da educação soviética foi realizado em outro texto (Freitas, 2009). Como afirmei lá, e continuo defendendo, a reforma educacional de 1931, construída em cima de uma crítica ácida do que se havia feito até 1929, motivada pelo confronto entre diferentes visões de como deveria caminhar a revolução, não representou um avanço para a educação soviética (Freitas, 2009), o que, em minha opinião, aumenta ainda mais a importância de se examinar esse período inicial, não a partir do que fez circular a versão oficial divulgada pelo Estado soviético a partir da década de 1930, mas a partir da própria produção de seus principais personagens.

O leitor indagará sobre a presença das ideias de Anton S. Makarenko na política educacional que está sendo formulada nesse período e com ampla divulgação no Ocidente. Para minha surpresa, não encontrei nenhum rastro de sua influência na formulação desta. Como expressa Maurício Tragtenberg na apresentação da primeira tradução brasileira do livro *Fundamentos da Escola do Trabalho*, de Pistrak (1981),[8] feita em 1981:

> Pistrak situa-se na linha dos grandes educadores como Pavel Blonsky, Nadéjda Krupskaya e Vassili Lunacharsky. Apesar disso, durante o stalinismo, a sua importância foi ofuscada pela emergência de Makarenko como o 'grande educador soviético'. Isto não foi acidental: Makarenko fundou uma pedagogia sem escola, nascida das trágicas circunstâncias da Guerra Civil que gerou milhares de jovens associais – razão pela qual ele tem pouco a dizer a respeito da escola. (Tragtenberg, 1981, p. 7)

Nesse primeiro período, portanto, a influência de Makarenko parece não existir, e penso que uma possível razão a ser pesquisada está exatamente na diferença entre o conceito de coletivo que ele defendia para suas comunas e o que o leitor poderá conhecer neste livro de Shulgin. Isso não deve nos levar à conclusão de que Makarenko não produziu contribuições

---

[8] A grande maioria de nós encontrou nesta obra traduzida pelo professor Daniel Aarão Reis Filho a primeira indicação sobre Pistrak, do qual nem o nome completo se sabia. Segundo me disse Maurício Tragtenberg, o livro havia saído da Rússia de forma clandestina através da Finlândia e foi traduzido na França, vindo depois a ser traduzido no Brasil a partir da edição francesa. Esse trabalho pioneiro abriu uma grande via para os estudos desse primeiro período da revolução. Em 2018 a Editora Expressão Popular publicou uma tradução direta do russo. Sem esse trabalho pioneiro de Daniel Aarão Reis Filho, não poderíamos ter avançado na compreensão desse período inicial da educação na Revolução Russa.

para o campo educacional, mesmo nos limites dos objetivos das comunas de cuja coordenação tomou parte.

Nossa tarefa é dar a conhecer a experiência desse primeiro período da educação sob a revolução para que seja submetida à análise crítica e retirar dele os ensinamentos necessários para continuar a luta pela construção da Pedagogia Socialista.[9] No Brasil, se no âmbito dos sistemas de ensino há dificuldades para se ensaiar essas ideias, a experiência educacional do Movimento dos Trabalhadores Rurais Sem Terra (MST) tem muito a ensinar.[10]

O livro de Shulgin contribui para definir uma estratégia de formação da juventude, sem prejuízo de que, no âmbito dos sistemas de ensino regulares de nosso tempo, se pensem táticas mais adequadas ao momento e às condições das nossas escolas – em consonância com o estágio de desenvolvimento da luta política. Mas, mesmo neste caso, é preciso que se tenha clareza da estratégia. O que não pode acontecer é nos dedicarmos a criar táticas como se estas fossem, em si, a própria estratégia.

Cabe apontar ainda que nos documentos e livros citados para caracterizar o início das mudanças na educação soviética, inclusive neste pequeno livro de Shulgin, o leitor ainda não encontrará uma sistematização sobre a escola politécnica do trabalho. Ela será sistematizada nos anos que se seguirão.[11]

---

[9] Uma pedagogia que tem caráter internacionalista e se alimenta da experiência revolucionária das classes exploradas em escala mundial, indo além dos limites nacionais.

[10] Cito aqui o trabalho do Instituto de Educação Josué de Castro, relatado no livro organizado por Caldart e outros (2013), e que tem essa ampla dimensão. Também se encontram estudos que procuram introduzir alterações importantes na prática das escolas como, por exemplo: Sapelli, Leite e Bahniuk (2019); Sapelli, Freitas e Caldart (2015).

[11] Dois exemplos estão à disposição do leitor brasileiro: *Ensaios sobre a Escola Politécnica* (Pistrak, 2015); *Rumo ao politecnismo* (Shulgin, 2013).

Como registro final, vale dizer que quando iniciei este estudo, em 1988, tinha por objetivo aprender com a Revolução Russa. À medida que ele avançava, me deparei com uma gigantesca operação de silenciamento dessa primeira geração de educadores: os objetivos, então, ficaram mais amplos. Coloquei como tarefa adicional, nos modestos limites da minha competência, devolver a voz dessa geração silenciada para que ela pudesse, por meio da tradução e publicação de algumas das suas principais obras, ter o direito de ter suas ideias conhecidas, antes de serem julgadas.[12] Mas isso somente foi possível graças ao empenho da Editora Expressão Popular que assumiu a tarefa de tornar este projeto uma realidade.

Campinas, fevereiro de 2022.

Referências

CALDART, Roseli S. *et al.* (org.) *Escola em Movimento*: Instituto de Educação Josué de Castro. São Paulo: Expressão Popular, 2013.

FREITAS, Luiz Carlos de. "A luta por uma pedagogia do meio: revisitando o conceito". *In*: PISTRAK, Moisey M. (org.) *Escola-Comuna*. São Paulo: Expressão Popular, 2009.

HOLMES, Larry E. *The Kremlin and the schoolhouse: reforming education in Soviet Russia*, 1917-1931. Bloomington: Indiana University Press, 2019.

KRUPSKAYA, Nadezhda K. Prefácio. *In*: PISTRAK, Moisey M. (org.) *Escola-Comuna*. São Paulo: Expressão Popular, 2009.

KRUPSKAYA, Nadezhda K. *A construção da pedagogia socialista*. São Paulo: Expressão Popular, 2017.

---

[12] A escolha destas ocorreu na Biblioteca Estatal de Ciências Pedagógicas K. D. Uchinski, em Moscou, no ano de 1995, biblioteca que guarda o acervo produzido no campo da educação, local para onde fui dirigido por orientação da Academia Russa de Educação.

MARX, Karl. *O capital*: crítica da economia política. Livro 1, t. 1. Trad.: Regis Barbosa e Flávio R. Kothe. São Paulo: Abril Cultural, 1985.

PINKEVITCH, Albert. P.; PERLMUTTER, Nucia. *The new education in the Soviet Republic*. New York: The John Day Company, 1929.

PISTRAK, Moisey. *Fundamentos da Escola do Trabalho*. Trad. [do francês]: Daniel Aarão Reis Filho. Apres. Maurício Tragtenberg. São Paulo: Brasiliense, 1981.

PISTRAK, Moisey M. (org.) *A Escola-Comuna*. São Paulo: Expressão Popular, 2009.

PISTRAK, Moisey M. *Ensaios sobre a Escola Politécnica*. São Paulo: Expressão Popular, 2015.

PISTRAK, Moisey M. *Fundamentos da Escola do Trabalho*. São Paulo: Expressão Popular, 2018.

SAPELLI, M. L. S.; LEITE, V. J.; BAHNIUK, C. *Ensaios da Escola do Trabalho na luta pela terra*. São Paulo: Expressão Popular, 2019.

SAPELLI, M. L. S.; FREITAS, L. C.; CALDART, R. S. *Caminhos para transformação da escola* n. 3 – "Organização do trabalho pedagógico nas escolas do campo: ensaios sobre complexos de estudo". São Paulo: Expressão Popular, 2015.

SHULGIN, Viktor N. *Rumo ao politecnismo*. São Paulo: Expressão Popular, 2013.

SOVIETSKAYA PEDAGOGIKA. "О периодизации истории советской школы и педагогики." *Sovietskaya Pedagogika*, n. 6, p. 123-130, 1954.

TRAGTENBERG, MAURÍCIO. Pistrak: uma pedagogia socialista. *In*: PISTRAK, M. *Fundamentos da escola do trabalho*. Trad. Daniel Aarão Reis. São Paulo: Brasiliense, 1981.

Os filósofos apenas interpretam o mundo de maneiras diferentes, mas a questão está em transformá-lo.
Karl Marx

PREFÁCIO DO AUTOR

Viktor N. Shulgin

Este pequeno livro é um resumo expandido das teses de uma série de livros os quais ainda terão que ser escritos, mas que o serão, porque sua escrita será uma exigência da marcha progressiva da grande revolução de outubro. Mas quando forem escritos por alguém em algum momento, suas ideias básicas já estarão mencionadas aqui, pois as linhas gerais do futuro edifício, seus pilares principais, já estão claros agora.

Este livrinho é escrito por mim, mas não me pertence. Durante vários anos, observando e participando na construção da Comuna Escolar do Comissariado do Povo para a Educação,[1] me encontrei com estas ideias diariamente e elas foram ficando mais e mais claras e nítidas a cada dia. Elas foram cunhadas no seu processo de trabalho e retirados os detalhes ocasionais, permaneceu e emergiu o fundamental.

---

[1] O autor foi um dos que participou na organização e condução do experimento da Escola-Comuna do Comissariado do Povo para a Educação, órgão equivalente ao que chamaríamos de um Ministério de Educação e Cultura, instalado pela Revolução Russa em 1918. O relatório do experimento foi publicado na Rússia em 1924 e pode ser encontrado em Pistrak (2009). A Escola-Comuna foi instalada em 1918. É ao período de 1918 a 1923 que Shulgin está se referindo. (N. T.)

Elas foram finalmente formuladas no trabalho do Instituto de Educação Comunista, onde desde os primeiros dias de trabalho ficou claro que estas ideias eram o seu eixo básico. Muitos meses de trabalho coletivo, amplo em apropriação, profundo em conteúdo, não apenas teoricamente, mas também considerando em ampla escala o trabalho prático de diferentes tipos de instituições de ensino (desde a pré-escola até as escolas junto a fábricas[2] e as faculdades de pedagogia inclusive) deram a possibilidade de conduzir um balanço de algumas realizações práticas da nossa revolução e, com um novo ângulo, examinar as questões colocadas.

Este pequeno livro é o esboço dos resultados do trabalho de muitos e apenas é *escrito* por mim. Mas se o nome daquele que escreveu este livro for colocado na capa, então os nomes daqueles que juntamente com o autor o criaram devem ser colocados no texto. E aqui, em primeiro lugar, deveriam ser mencionados: M. V. Krupenina,[3] E. S. Lifshits, R. E. Orlova, R. I. Prushitskaya, M. M. Pistrak,[4] A. E. Sheinberg e Gernle.

---

[2] Em russo, FZU ou *fabzabucha*. (N. T.)

[3] Krupenina, Mariya V. (1892-1950). Pedagoga, colaboradora muito próxima de V. N. Shulgin que, com ele, conduziu o Instituto de Métodos do Trabalho Escolar entre 1927 e 1931. Também trabalhou na Seção Científico-Pedagógica do Conselho Científico Estatal do Comissariado do Povo para a Educação – Narkompros. Com Shulgin, criou as teses da interação entre a escola e o meio, sendo acusada de defender o desaparecimento da escola, razão pela qual foi submetida a duras críticas em 1931 e afastada, juntamente com V. N. Shulgin, da liderança do Instituto de Métodos do Trabalho Escolar, sendo reprimida em 1938 com prisão que debilitou sua saúde e de onde saiu praticamente para falecer. Foi reabilitada postumamente, em 1955. (N. T.)

[4] Moisey M. Pistrak (1888-1937) foi um dos líderes das duas primeiras décadas de construção da escola soviética e do desenvolvimento da pedagogia socialista na União das Repúblicas Socialistas Soviéticas. De 1918 até 1931, trabalhou no Narkompros (Comissariado do Povo para a Educação) da União Soviética e, simultaneamente, dirigiu por cinco anos a Escola-Comuna do Narkompros. Diz a história oficial à época que, em 1937, Pistrak foi vítima de calúnia e sofreu

Quando falo sobre essas questões em várias cidades em numerosas conferências, eu sempre me convenço de que as ideias nele expostas são ideias de todo educador comunista. Eis porque me parece que quando ele o ler, perceberá que se expõe nele os seus pensamentos e suas ideias, possivelmente não em uma forma acabada, ainda não formuladas completamente, mesmo assim suas; eis porque eu acredito que, lendo-o, ele irá enviar todo o material que tem, com suas observações, dúvidas e questões ao Instituto de Educação Comunista, o qual continua a trabalhar sobre estas questões.

---

repressão junto com outros pedagogos e, em 1940, veio a falecer "tragicamente". Foi reabilitado depois da morte, em 1956. Entretanto, pesquisando em sites russos mais recentes, pode-se encontrar informações mais precisas sobre sua morte: Pistrak foi preso em setembro de 1937 durante a perseguição stalinista dos anos 1930; sua morte, por fuzilamento, ocorreu em 25 de dezembro de 1937, após permanecer três meses preso, e não como foi divulgado à época por fontes oficiais, em 1940. (N. T.)

I. SOBRE AS FINALIDADES DA EDUCAÇÃO

Ante cada um de vocês, camaradas, no processo do seu trabalho prático, provavelmente ergueu-se reiteradamente e ressoou com especial agudeza a questão das finalidades da educação depois da revolução de outubro.[1]

Essa questão, às vezes de forma modificada, se colocava perante vocês da seguinte maneira: vocês se perguntavam o que aconteceria, no futuro, com as crianças com as quais trabalhavam; qual seria o lugar delas na vida futura e, sem dúvida, penosa e ansiosamente vocês procuravam por uma resposta. E naqueles momentos, vocês se perguntavam: quando a criança terminar a escola, seja hoje ou amanhã, for além de seus limites, entrar na grande complexidade da vida, será que a escola terá dado a ela tudo que tinha que dar, será que a armou suficientemente, será que ela não naufragará, não a varrerá uma onda da vida? E, sem dúvida, vocês sempre deram alguma resposta *clara*.

Mas essas questões não são apenas suas, camaradas. Cada mãe e cada pai também coloca para si a mesma pergunta. Mas, para eles, ela soa algo diferente. Eles não pensam sobre

---

[1] Refere-se à Revolução Russa de outubro de 1917. (N. T.)

as finalidades da educação em geral, mas sobre as finalidades da educação de seu próprio filho. E é preciso dizer claramente que eles a resolvem de maneira diferente, mas sempre de forma estreita, egoísta.

Eles mentalmente desenham para si um cenário do futuro, aquele futuro no qual seu filho ou filha terá que viver, encontram nele um lugar quente sob o sol e dirigem todas as suas forças para que seus filhos recebam aquela educação, aquelas habilidades que darão a eles a possibilidade de ocupar este lugar. Mas este futuro, na dependência da sua filiação partidária, na dependência da classe na sociedade à qual pertencem, é retratado por eles de maneira diferente. Educar o filho "para que ele brilhe na sociedade", "continue a tarefa", "para destacar-se entre as pessoas", tornar-se um engenheiro, um cientista. É assim que eles formulam essas finalidades.

Porém, essa mesma questão, a questão das finalidades da educação, também coloca para si todo adolescente, mas para ele soa como uma questão sobre o sentido da vida, sobre sua vocação, sobre o seu lugar na vida, sobre sua futura profissão e dependendo de como ele, com suas fracas forças, resolve essa questão, escolhe uma ou outra finalidade e, de acordo com isso, organiza seu trabalho.

E essa mesma questão sobre as finalidades da educação também coloca para si todo poder estatal. E é preciso dizer que não importa como o professor decida, *a escola de massa sempre* concretiza aquelas finalidades que o poder estatal coloca perante ela. O próprio sistema educacional não é outra coisa senão o melhor instrumento nas mãos do poder estatal para a consecução dessas finalidades.

De fato, lembremo-nos de nosso recente passado pré-revolucionário. Uma longa fileira de ruas, grandes prédios bonitos imersos em jardins, perfeitamente equipados, anunciando nas placas com orgulho: "Colégio Interno de Nobres", "Instituto de Donzelas Nobres", "Liceu", "Corporação de Cadetes". E ao lado destes, em edifícios pequenos, simples: "Seminário Teológico", "Escola Diocesana", "Ginásio", e em uma viela: "Abrigo", "Escola de Artesanato", "Escola Paroquial".

Cada um de vocês, camaradas, conhece muito bem esse cenário, mas será que cada um de vocês, passando por esses edifícios, já se perguntou *por que* existem três tipos de instituições de ensino? Filhos de que classe social são educados neles e quais são as finalidades colocadas para eles?

Na primeira, estudava a aristocracia, financeira e outras, e nela eram preparados líderes, dirigentes de pessoas ignorantes, governantes. Na segunda, estudavam crianças da pequena burguesia, comerciantes de segunda e terceira categoria, bem como alguns camponeses-*kulaks*,[2] e delas saiam os pequenos burocratas, funcionários médios, executores, transmissores da vontade da classe dominante, professores para o povo, comandantes de nível mais baixo. Na terceira estavam as crianças do "povo", camponeses e operários, e neles se preparavam escravos obedientes, operários e camponeses semianalfabetos. Nos orfanatos estatais não se preparavam damas da sociedade como nas escolas superiores estatais, mas empregadas domésticas, cozinheiras, babás e pequenas artesãs. Foi assim que a classe dominante – a burguesia – concretizou seus objetivos de classe. Assim o sistema de educação nacional foi adaptado para atender tais finalidades.

A escola do passado formava comandantes,[3] funcionários médios e inferiores, operários e camponeses obedientes e semia-

---

[2] *Kulak* era um camponês mais rico que muitas vezes nem exercia trabalho físico, contratando outros para realizar o trabalho em suas terras. (N. T.)
[3] Refere-se às escolas anteriores à Revolução Russa de outubro de 1917. (N. T.)

nalfabetos. Por essas finalidades também se definia o conteúdo, o volume de ensino e a própria estrutura da escola. De fato, na escola do passado a criança não tinha direitos, nela não havia nenhuma auto-organização, nela o professor era um monarca sem limites. A criança estava inteiramente nas suas mãos. Isso, é claro, não era acidental. Não acidental também era o volume do plano de estudos da escola pré-revolucionária: na verdade, lembremo-nos da escola popular, na qual em primeiro lugar estava a lei de deus, alguma alfabetização e matemática elementar. Com isso também se limitou o trabalho educativo nela. A classe dominante tinha medo de dar mais do que a alfabetização elementar e até mesmo esta parecia perigosa. Mas era impossível deixar de dá-la, pois um trabalhador analfabeto não era lucrativo, a produtividade de seu trabalho era muito menor do que a de um alfabetizado. O governo tsarista foi forçado pela marcha do desenvolvimento econômico a colocar seriamente a questão sobre a introdução da educação geral. Mas se sobre isso nada podia ser feito, todas as forças foram dirigidas para que não se desse nada mais.

É por isso que aqueles que trabalhavam nessa alfabetização elementar foram colocados sob dupla vigilância, ou seja, sob supervisão de dois soldados: o soldado do tsar celestial – o sacerdote –, e o soldado do tsar da terra. Mas mesmo isso pareceu não ser suficiente, e sendo considerado necessário distorcer o conhecimento, o governo tsarista conseguiu até subordinar as ciências naturais às leis de deus.

A mesma coisa, aliás, é feita com sucesso em qualquer país burguês. No entanto, ainda havia o perigo de que um professor formado cientificamente pudesse dar algo além dos programas curriculares, e era preciso pensar em uma formação do professor que eliminasse esse perigo; eis porque a maior parte dos nossos professores do povo foi recrutada nas escolas e seminários diocesanos, e ali, em doses microscópicas, se davam informações sobre longínquos tempos passados, e eram esses professores analfabetos não apenas no sentido social, mas também científico, que o governo tsarista enviava com grande prazer para as escolas.

Parece absurdo! "Dar cultura" ao povo enviando aqueles que pouco sabem, que são pouco instruídos; mas assim foi no passado, tal foi a política nacional de educação sob o tsarismo.

Seria errado se algum de vocês pensasse, camaradas, que a Rússia foi uma exceção. Não, na verdade, o mesmo, em uma forma mais branda, repete-se em qualquer país burguês. Tomemos para exemplo o mais culto de nossos vizinhos naquele momento, a Alemanha. Vou citar para vocês apenas duas pequenas passagens. Elas pertencem a Wilhelm II.[4] Quem pode ter mais autoridade do que ele nesta matéria?

"É desnecessário dizer" – diz ele,

> que o professor deveria ter a mais ampla liberdade para retratar um passado desagradável. Mas é igualmente desnecessário dizer que, na qualidade de professor de nossos jovens podem ser recrutados apenas aqueles que fielmente e com plena convicção se encontram no campo da monarquia e sua constituição. Um defensor de utopias radicais não pode ser admitido como professor da juventude, como também nos cargos da administração estatal. O professor, por seus direitos e deveres é, antes de tudo, um funcionário do Estado, do Estado existente.

E em outro momento, para eliminar qualquer dúvida, escreve Wilhelm II em um decreto de 1º de maio de 1889:

> Há muito tempo me ocupo com a ideia de usar a escola na luta contra a difusão das ideias socialistas e comunistas. Antes de tudo a escola deve, pelo caminho da educação do temor a Deus e amor à pátria, lançar as bases para uma compreensão

---

[4] Guilherme II ou Wilhelm II (1859-1941) foi o último imperador alemão e rei da Prússia de 1888 até sua abdicação em 1918, no final da Primeira Guerra Mundial. (N. T.)

saudável do Estado e das relações sociais. Mas eu não posso deixar de confessar que nestes tempos em que as deturpações e erros da social-democracia se difundem com excepcional zelo, a escola deve fazer os mais intensos esforços para encorajar o conhecimento daquilo que verdadeiramente é possível na realidade e no mundo. A escola deve, já na adolescência, criar a convicção de que as crenças da social-democracia não apenas contrariam os mandamentos divinos e a moral cristã, mas que elas não são factíveis na realidade e nefastas em suas consequências, tanto para o indivíduo como para todos. Ao redor de seu ensino ela deve, mais do que nunca, chamar a atenção para os novos e recentes períodos da história e mostrar que só o poder estatal pode proporcionar ao indivíduo uma família, sua liberdade e seus direitos; ela deve conscientizar os jovens de como os reis prussianos se esforçaram para elevar as condições de vida dos trabalhadores, desde as reformas legislativas de Frederico, o Grande, a abolição da servidão, até os dias atuais. Com a ajuda de dados estatísticos, ela deve mostrar como essencialmente no último século, sob a proteção desta monarquia, os salários e as condições de vida da classe trabalhadora melhoraram.

 As finalidades são clara e precisamente apontadas. Comentários são desnecessários. Wilhelm II exige professores afinados com a monarquia, exige deles o apagamento da autoconsciência de classe das crianças, ordena que eles deturpem dados científicos, que eduquem as crianças para o serviço e a proteção da monarquia.

 Contudo, seria incorreto pensar que tais exigências são feitas apenas pelo poder estatal e que os mais proeminentes pedagogos fazem exigências diferentes. Não; seus sistemas pedagógicos são usualmente belos e refinados tratados que têm a tarefa de convencer o professor da correção das finalidades que são postas pelo poder estatal, indicar, ajudá-lo a concretizá-las nas instituições infantis. De fato, lembremos de um dos mais proeminentes pedagogos da Alemanha, Kerschensteiner.[5] Como ele coloca a questão? Como formula as finalidades da escola? Ele pensa que a tarefa da escola é formar "cidadãos valiosos",[6] e por cidadãos valiosos ele entende aqueles que não desejam introduzir mudanças essenciais no regime existente, e por regime existente ele entende o seguinte: "os empregadores olham para o trabalhador somente como um animal de carga e o tratam como tal".[7] E quer preservar esse regime existente, e aquele cidadão valioso, que está sendo preparado por Kerschensteiner, não deve desejar mudá-lo precisamente em suas características essenciais. E é preciso fazer justiça ao autor, que em seu sistema pedagógico levou em conta todos os obstáculos e aspectos que favoreçam a obtenção dessas finalidades; ele imperceptivelmente a cada dia faz da criança um escravo do Estado monárquico. Ele sabe que os "perigos e obstáculos" se escondem não somente no Estado, mas também fora de seus limites, e ele os leva em conta. E se para lutar contra os primeiros ele propõe que o poder estatal vá pelo caminho da "subvenção" (mais precisamente do *suborno* dos sindicatos existentes, porque em caso contrário "os elementos amigos do Estado têm muito a perder em seu papel de liderança e a cedem aos partidos políticos, para os quais a educação no espírito do partido e da política de classe é uma tarefa muito mais importante do que a educação de cidadãos do Estado),[8] então, contra os outros há outras defesas, isto é, "a firmeza de caráter e a clara certeza de pontos de vista que existem nas classes superiores", por um lado, e o melhor, uma escola diferente para os filhos da aristocracia, por outro. "As classes

---

[5] Georg Michael Kerschensteiner (1854-1932) foi um pedagogo alemão e discípulo de Pestalozzi. (N. T.)
[6] Kerschensteiner. *Obras escolhidas* (organizadas por Rubinstein), p. 124.
[7] *Ibid.*, p. 33.
[8] *Ibid.*, p. 96.

superiores são e sempre serão as educadoras do povo, e o que é o padre é também a paróquia, o que é o educador é também o educando".⁹ E esses padres, esses educadores, comandantes das "classes inferiores" Kerschensteiner pensa educar em outra escola, e não nas escolas do povo. Assim, clara e definitivamente, ele resolve essa questão.

Mas nisso, é claro, ele não está sozinho. Cada um de vocês, camaradas, provavelmente, leu e ouviu, mais de uma vez, sobre as chamadas escolas novas da Europa e da América, sobre as famosas Landeziehungsheim.¹⁰ Mas vocês já se perguntaram o que elas representam? De que classe social são as crianças nelas educadas e quais as finalidades que estão colocadas para elas? Educar os "líderes" do povo, os "escolhidos" – essas são as exigências dos pais a Litts,¹¹ uma das primeiras escolas novas fundadas na Alemanha.

Mas essas escolas existem não somente na Alemanha. Sua terra natal é a Inglaterra, onde encontra-se sua ancestral, a famosa escola de Abbotsholme,¹² dirigida por Reddie. "Educar a

---

⁹ *Ibid.*, p. 108.
¹⁰ Internatos localizados na área rural, criados a partir de uma crítica à escola convencional ao final do século XIX e que, mais do que uma instituição de ensino, eram lugares de aprendizagem, de vida, bem como lar para as crianças. (N. T.)
¹¹ Está grafado "Литцу" – Litts, transliterado – no original russo. A única referência que encontramos, no entanto, refere-se a Hermann Lietz (1868-1919), que foi um pedagogo alemão e fundador das primeiras escolas renovadas na Alemanha, a partir de ideias que vivenciou em sua estadia com Cecil Reddie em Abbotsholme, na Inglaterra – "matriz" das escolas novas – entre 1896-1897. (N. T.)
¹² Abbotsholme School foi fundada em 1889 e é uma escola que apareceu na cidade de Rochester em Staffordshire, Inglaterra. A escola foi instalada em um *campus* de 140 acres nas margens do rio Dove, em Derbyshire. Acesse o site da escola em *http://www.abbotsholme.co.uk/*. Foi fundada por Cecil Reddie, um escocês acadêmico e educador, com o objetivo de ser uma escola de experiência para suas filosofias e teorias educacionais progressistas. A escola ficou conhecida como "*The New School*" – Escola Nova. Tinha como filosofia um ambiente mais informal e menos rígido; ensinava o inglês e francês no lugar de línguas

nobreza do espírito e do líder" – eis o que essa escola tem por finalidade. Como se fossem ecos dessa tendência na Inglaterra aparecem, exatamente com as mesmas tarefas, escolas na América, na França e em outros países. A escola de La Rochelle Demolene foi fundada "para educar crianças de estratos selecionados dos meios franceses. Toda sociedade precisa de pessoas escolhidas para *liderar* as massas". Seria necessário, então, depois disso, falar sobre quem estuda nessas escolas? Elas foram construídas para os filhos da burguesia.

Se tentamos lembrar da situação dessa questão na Inglaterra, Alemanha e França, emerge com clareza o seguinte cenário: escolas excelentemente organizadas para os filhos da burguesia e *escolas para o povo* que se *afogam na miséria*. Assim a burguesia resolve a questão das finalidades da educação. Talvez, quem melhor faça um balanço disso seja Dewey:[13]

> Mas naquela época uma distinção foi estabelecida *de uma vez por todas* entre a classe livre e desocupada e a classe operária. A educação, pelo menos a que supere algum conhecimento rudimentar, destina-se *apenas* para a classe *desocupada*. O conteúdo e os métodos foram adaptados *para aqueles* que não precisavam ganhar o pão. O trabalho físico era algo como um estigma. Nos países aristocráticos e feudais o trabalho físico era realizado por escravos e servos: a baixa posição social desses operários, naturalmente, levou ao conhecido tipo de desprezo por esses trabalhos. Para eles, havia uma educação de escravos, como a educação livre era propriedade das pessoas livres, e *uma pessoa livre pertencia às classes superiores, era livre do trabalho para sus-*

---

clássicas; tinha as artes como temas centrais e incluía habilidades práticas como criação de animais e carpintaria. (N. T.)

[13] Dewey, J. *Escola do futuro*, p. 108. Edição russa. [Dewey, J. and Dewey, E. *Schools of tomorrow*. New York: E. P. Dutton and Co. 1915. Disponível em https://archive.org/details/schoolsoftomorro005826mbp. (N. T.)]

tentar a si e a outros.[14] O mesmo ocorre agora. Uma educação, literatura, ciências naturais, artes mais amplas destinam-se às classes abastadas; no que se refere à massa, a questão não é absolutamente sobre *educação e desenvolvimento*, mas apenas treinamento em algumas habilidades para usar certas 'ferramentas' educativas necessárias para aumentar a qualidade do trabalho da classe operária.[15]

Eu cito Dewey deliberadamente. Quem realmente pode duvidar de sua posição burguesa? Além disso, ele é um dos mais proeminentes e talentosos pedagogos da atualidade. E, no entanto, é *forçado* a examinar a questão das finalidades da escola em seu contexto histórico e, analisando a posição atual do problema, é *forçado* a constatar que em *qualquer* Estado burguês não há uma escola única, mas diferentes escolas para crianças de diferentes classes sociais; que suas tarefas são diferentes, que nas escolas destinadas aos filhos dos operários e camponeses *nem* mesmo se fala sobre educação e formação. Ele é *obrigado*, dessa forma, a reconhecer as escolas de classe, é forçado a assinalar que a escola é um instrumento nas mãos da classe dominante, um instrumento para atingir *seus objetivos de classe*. Tão clara, tão indiscutível é essa questão.

Mas às vezes, especialmente nos últimos tempos, ouvem-se outras vozes aqui entre nós e no exterior. Bem, dizem elas, talvez tudo isso seja verdade, talvez o poder estatal realmente coloque determinadas finalidades para a educação; talvez, de fato, a escola de massa os implemente. Mas deveria ser assim? – essa é a pergunta.

"As finalidades e o processo de educação são a mesma coisa."[16] "Não se pode impor à criança finalidades externas de

---

[14] Ênfases de V. N. Shulgin.
[15] Dewey, J., *op. cit.*, p. 111.
[16] Dewey, J. *Introdução à filosofia da educação*, p. 13.

educação."¹⁷ "Não se pode ter nem mesmo uma finalidade educativa, deve-se ter uma série delas na dependência da idade."¹⁸ Assim fala Dewey, o mais talentoso representante dessa tendência pedagógica. E não se propõe a pensar nas finalidades da educação, mas na "organização do ambiente da criança", isto é, afirma que ele pode ser mais bem organizado a partir do trabalho, afinal todo o trabalho pedagógico gira "em torno da atividade da criança".¹⁹

Mas parece-me que se pode fazer alguns questionamentos aos representantes dessa tendência pedagógica. Nós dizemos a eles: nossa criança é uma criança da rua, fica dependurada nos estribos do bonde, nos para-choques, passeia na traseira das carruagens, frequentemente mete a mão no bolso de alguém. Digam, perguntamos nós, vocês gostariam de organizar o trabalho pedagógico em torno *dessa* atividade? Claro que não.

Mas vamos adiante: vocês falam sobre organizar a atividade da criança, perguntamos nós a vocês, mas seria possível organizar para nada, sem rumo? É claro que não. Podemos organizar as crianças para trabalhar na União da Juventude Comunista Russa, para trabalhar nas fazendas soviéticas, nas oficinas, para o roubo, enfim, mas organizar para nada é *impossível*. Mas além disso, diremos a seguir, aquela criança sobre a qual falamos, isto é, a criança da rua, ela não só possui uma variedade de habilidades, mas *ela sabe muito*: ela conhece as canções e costumes da rua, conhece as maneiras de ganhar dinheiro, conhece bares e espeluncas de jogos, bordéis e quadrilhas de ladrões. Podemos dizer com segurança que ela conhece bem os pântanos da vida, a baixeza e as chagas da sociedade moderna, os costumes

---

[17] *Ibid.* p. 16.
[18] *Ibid.* p. 18.
[19] Id. *Meu credo pedagógico.* [Refere-se a *My Pedagogic Creed*, School Journal, v. 54, p. 77-80, 1897. (N. T.)]

por vezes horríveis da cidade moderna. Digam, perguntamos nós, vocês tomarão a esfera de influências dessa criança para seu trabalho pedagógico, vão usar *esse material*? Claro, isso é diferente. Mas se você escolhe a atividade da criança, se escolhe sua direção, se seleciona o material, como, então, depois disso você pode seriamente dizer que não há finalidade educacional? Você foi guiado por um propósito quando escolheu a direção da atividade, e a própria atividade permitiu a você ter como resultado a unidade necessária. A finalidade – consciente ou inconscientemente – sem dúvida, existiu.

Mas nós não vamos parar por aí, dizemos que não estamos falando todo o tempo sobre uma criança "média", uma criança que não existe em nenhum lugar, mas sobre uma criança real, concreta, e ela não vive em um espaço sem ar, mas na terra, em uma determinada época, em determinadas condições, em um ambiente específico, ela mesma sendo parte deste. E vocês realmente pensam, dizemos nós a vocês, que os pais, a classe à qual pertence a criança, não colocam determinadas finalidades para ela? Digam o buraco no qual vive a criança, esse entorno ao seu redor, o trabalho que ela realiza, todo esse contexto a que se dá o nome de mercado Smolensk[20] ou de Sukharevka,[21] será que não impõe à criança *determinadas* finalidades educativas *quase como uma necessidade?* Não a *obriga* a escolher umas e rejeitar outras por um senso de autopreservação? E vocês ainda ousam, ante tais condições, falar que não existem finalidades educativas, que as finalidades da educação são impossíveis de serem colocadas? Isso é hipocrisia. As finalidades da educação são um fato. E a questão não é debater se elas podem ou não ser colocadas, mas sobre quais são essas finalidades, quais são

---

[20] Rua no centro de Moscou onde se instalava uma feira. (N. T.)
[21] Uma das praças centrais de Moscou. (N. T.)

as finalidades que devemos colocar para a escola. E parece-me, camaradas, que exatamente agora, mais do que nunca, se deve falar sobre as finalidades da educação.

E aqui a revolução de outubro traçou um limite claro, criou uma situação diferente. Nunca em nenhum lugar, camaradas, existiram tais condições nas quais nós estamos vivendo. Pois bem, depois da revolução, a questão que se coloca para nós é a mesma da Europa Ocidental e da América, ou seja, vamos também formar o cidadão de um determinado *Estado nacional*, um cidadão que não queira transformar os aspectos essenciais do sistema existente? Claro que não.

Em verdade, lembremos o que significa para a burguesia o poder do Estado. Para ela, tudo está no passado. No entanto, o desenvolvimento econômico do mundo exige uma organização diferente; a vestimenta antiga do Estado burguês é apertada,[22] machuca e incomoda, atrapalha a marcha normal do desenvolvimento econômico, ela o sufoca. O estado caótico do mundo é conhecido. Devo desenhar esse quadro? O que o poder do Estado significa para a burguesia nessas condições? Significa *tudo*. Ele é a *única* maneira de prolongar sua existência. Perdê-lo significa a ruína final da burguesia. Eis porque a burguesia o mantém com unhas e dentes, eis porque ela luta furiosamente contra aqueles que querem alterar em essência os limites do sistema existente.

Mas e quanto a nós? Assim se colocaria para nós esse problema? O que é para nós a URSS?[23] É a forma ideal a qual nós devemos manter custe o que custar? Claro que não. Para nós, tudo está no futuro, e a URSS é *somente o melhor instrumento nas mãos da classe trabalhadora para realizar seus ideais*. Mas

---

[22] Em russo, *kaftan*. (N. T.)
[23] União das Repúblicas Socialistas Soviéticas (URSS). (N. T.)

eles não se enquadram nos limites nacionais, eles se concretizam *somente* em escala mundial, e sua implementação é a destruição de qualquer que seja o poder estatal, a criação de uma sociedade sem classes. A URSS é apenas o melhor instrumento para alcançar esses ideais, e nós não vamos deixar que ele seja arrancado de nossas mãos; vamos continuamente aperfeiçoá-lo. Mas sabemos muito bem que no caminho há muitos obstáculos, uma longa e tenaz luta, que não terminará na próxima década, e se nós, sinceramente, queremos ir até o fim, nos dedicar a concretizar nossos ideais, devemos preparar nossa própria substituição, nós devemos educar os lutadores pelos ideais da classe trabalhadora. *Esta é nossa primeira tarefa*. Mas não apenas um lutador, devemos também educar um construtor. Não podemos obter tudo pela luta, a luta não é nosso ideal, mas uma necessidade cruel. Também devemos construir, construir habilmente, o edifício da sociedade proletária, devemos colocar habilmente um tijolo após o outro. Esta é a nossa *segunda* tarefa.

Mas o que isso significa? Podemos nós, ante tais exigências, concordar que um adolescente saiba tanto quanto ele sabia nas escolas antigas e o mesmo que antes? Podemos concordar que as instituições infantis sejam organizadas da mesma forma que antes, para que sua relação com o mundo exterior permaneça a mesma? Não, não podemos. Aliás, vamos lembrar o que o adolescente sabia no passado. Nada. Ele conhecia as campanhas persas, a "história" da Grécia Antiga, Roma, a lei de deus e a língua latina, *mas ele ignorava completamente a época* em que vivia, não conhecia a atualidade. O final do século XIX, na melhor das hipóteses, era a fronteira que nenhuma escola ousou cruzar. E não é de se estranhar que a escola tenha dado um certificado de "maturidade" a quem não entendia o mundo ao seu redor, que nunca o estudou, nem o compreendeu. A escola produziu *selvagens* civilizados, e aqueles que tentavam entrar na vida *fora* da escola, tomar parte nela, que a estudavam e compreendiam, a escola os expulsava sem nenhuma condescendência, com grande coerência.

Por quê? Bem, não é difícil de entender. Eles começaram a ver e compreender mais do que as autoridades queriam, e estas levaram corretamente em conta que era mais difícil fazer deles um instrumento obediente, seus executores inquestionáveis. As autoridades não estavam interessadas em sua educação (mais avançada).

Saber da atualidade,[24] conhecer as principais fontes do desenvolvimento da sociedade humana, ser capaz de aplicar suas forças na prática, empenhar-se e lutar para mudar o rumo do existente na direção do futuro era considerado, se não criminoso, pelo menos perigoso pelas autoridades; e aquele que sabia como fazer isso, e queria fazê-lo, tornou-se um inimigo para o poder estatal. Assim foi no passado.

Entretanto, não precisamos de selvagens civilizados, executores obedientes, escravos; nós precisamos de construtores e lutadores pelos ideais da classe trabalhadora, e, portanto, eles devem conhecer a atualidade, poder lutar, saber construir; é por isso que não precisamos de paredes monásticas, nem isolar as crianças da vida, nem raptá-las, nem da história antediluviana, nem das ciências naturais e da tecnologia antediluvianas, nem de professores antediluvianos, afastados da atualidade.

Não; nós precisamos de toda a escola, de cima a baixo, saturada da atualidade; precisamos de um professor que entenda a atualidade, que tome parte da sua construção, precisamos que as crianças a vivam. Como isso pode ser alcançado? É pouco conhecer os ideais da classe trabalhadora, não basta querer cons-

---

[24] No sentido de conhecer a realidade da era moderna, o que está acontecendo, o que existe agora. (N. T.)

truir. Devemos viver os ideais da classe trabalhadora, devemos *poder lutar* por eles, devemos ser *capazes de construir*.

No entanto, isso não pode ser alcançado imediatamente; isso é conseguido por meio de um trabalho árduo, por meio da participação na construção desde muito jovem.[25] Eis porque dizemos que o tempo de organizar uma escola para professores em nome dos estudantes, o tempo de escolas isoladas umas das outras já passou – isso era benéfico para o antigo regime, que temia o trabalho coletivo dos estudantes e a união deles. Isso é o passado. No lugar de escolas isoladas, que haja um sistema de escolas;[26] em vez do trabalho individual de um professor, que haja um trabalho coletivo de professores de várias escolas; em vez de quatro paredes monásticas, atrás das quais se esconde a escola, que haja a introdução da escola na ampla atualidade; em vez de crianças marginalizadas, que tenhamos crianças construtoras.

Mas quando falamos sobre auto-organização,[27] não estamos falando absolutamente sobre o que se fala na Europa Ocidental e na América. Lá, a tarefa é completamente diferente. Lá, ou é uma forma de transferir uma série de funções policiais do professor para as crianças e, assim, enfraquecer a luta das crianças contra um representante do poder estatal – o professor – ou é uma forma de familiarizá-las na prática com a Constituição do seu país.

Estamos falando de outra coisa: de uma organização que contribua para o desenvolvimento, no dia a dia, das habilidades coletivas e de organização, da capacidade de concretização de objetivos estabelecidos pelo coletivo, estamos falando de

---

[25] No sentido de "construção soviética". (N. T.)
[26] Veja meu artigo em *"Educação popular"*, 1920, p. 71-78.
[27] O termo *"samoupravlenii"* pode significar também autogestão, autogoverno. Como se verá em seguida, o autor, com o termo, refere-se à capacidade de organização das crianças e jovens, razão pela qual optamos por auto-organização. (N. T.)

uma organização que conecte as crianças ao amplo mundo delas e dos adultos. E ela realiza isso gradativamente por meio da participação das crianças na construção da sua vida infantil, dos coletivos infantis, primeiro apenas nos limites das instituições infantis, depois no trabalho dos grupos de Pioneiros, da União da Juventude Comunista Russa (UJCR) etc. Faz isso também por meio da participação delas no movimento infantil internacional; no trabalho, a partir das instruções do Conselho e de outras organizações de adultos; por meio trabalho em conjunto com eles. Mas isso não é tudo: precisamos que as crianças se aproximem da classe-construtora, que assimilem melhor sua ideologia, comecem a viver por ela, forjem as habilidades da luta, aprendam a construir: essa é a função do trabalho.

Falamos sobre o trabalho como objeto de estudo, trabalho como método, como fundamento da vida. Ao estudar o trabalho, podemos facilmente traçar a história da humanidade passo a passo. Mas isso não é tudo. Devemos adquirir uma série de *hábitos e habilidades de trabalho*; por intermédio do trabalho entramos na vida social, ele nos conecta com os trabalhadores de todo o mundo e nos introduz ao estudo da atualidade.

A fábrica é a vontade e o pensamento concentrados da humanidade; a fábrica é a fornalha na qual se forjam a ideologia proletária e a vontade para a luta; a fábrica é o nervo da vida mundial. Ela está por inteiro no processo. Está toda em movimento, é a que melhor familiariza a criança com os ideais proletários e a atrai para a construção. A fábrica é a atualidade concentrada. Nela se cruzam os fios fundamentais. Ela conecta mais facilmente o trabalho com o mundo. E é assim que nossas exigências básicas se fundem em uma unidade. Portanto, elas são necessariamente forjadas a partir das finalidades da educação.

E eis que agora enfrentamos mais dois problemas. Eles são colocados diante de nós pelas finalidades que atribuímos à educação. Perguntamo-nos: "necessitaríamos nós, nas nossas condições, com nossas finalidades, de duas escolas: uma para líderes-executivos e outra para rebanhos insignificantes?". Claro que não. Esses que foram chamados de rebanho são os senhores da situação, e a escola deveria ser construída para seus filhos. *E eles são a esmagadora maioria.* Assim, a questão de duas escolas, uma para os patrões e outra para trabalhadores, deve ser descartada por nós.[28] Em nossos orfanatos, não devemos preparar cozinheiras e empregadas domésticas e nem as artesãs analfabetas. Não. Nós devemos preparar lutadores pelos ideais proletários, construtores da sociedade comunista. Eis em que consiste a nossa tarefa, completamente diferente daquela que existiu nos Estados burgueses. Eis porque também precisamos de um professor diferente, não um professor analfabeto, amedrontado e solitário, mas precisamos um professor-construtor cientificamente educado, um professor-lutador. Temos que lutar por esse professor. É difícil. É impossível completar integralmente essa tarefa de forma rápida, mas somos obrigados a lutar por ela porque não é a história antediluviana, nem a lei de deus, nem apenas uma alfabetização elementar que o professor deve ensinar aos nossos filhos, mas introduzi-los na atualidade, ensinando-os a compreendê-la, assimilá-la e a participar dela; para isso, o

---

[28] E de fato foi descartada quatro dias após a revolução, em 1917. O reconhecimento dessa inaceitável divisão da escola está presente desde o início da revolução e deu origem ao conceito de "escola única do trabalho". Ela foi regulamentada em 16 de outubro de 1918, por uma Deliberação do Comitê Executivo Central de Toda a Rússia, seguida pela Declaração sobre os Princípios Fundamentais da Escola Única do Trabalho, da Comissão Estatal para a Educação, na mesma data. Cf. os documentos em Krupskaya, N. K. (2017). (N. T.)

próprio professor deve saber o que é a atualidade, deve fazer parte da sua construção, conhecer os ideais da classe trabalhadora e as formas de lutar por eles.

Portanto, ele deve conhecer as *últimas* conquistas da ciência e da tecnologia, deve ser uma pessoa cientificamente educada. Eis em que consiste a nossa tarefa. Você pode ver que ela é completamente diferente daquela sobre a qual falava o velho mundo burguês. É muito difícil, mas há alguma razão para abandoná-la só porque é difícil? Claro que não. Devemos cumprir essas tarefas, essas são as exigências da época. Assim, se o Estado burguês fez das crianças proletárias escravos obedientes, um instrumento de guerra, de pessoas que não queriam mudar substancialmente o sistema existente, e dos filhos da burguesia fez comandantes de escravos, líderes de rebanho, nós vamos preparar os construtores de uma nova vida, lutadores pelos ideais da classe trabalhadora.

II. A ATUALIDADE[1] E AS CRIANÇAS

Sempre que se fala sobre programas, sobre o conteúdo do trabalho nas instituições juvenis, sobre a sua organização, duas questões são, tacitamente, sempre dadas como resolvidas: a questão do que é a atualidade e a questão de quem é a criança atual. Com efeito, falando sobre programas, fala-se sempre da *escolha* do material que deve ser dado à criança, sobre a sua *correspondência* com as especificidades da *idade* da criança, mas ninguém pergunta se *seria possível* falar sobre o "psiquismo" de uma criança *em geral*; se seria possível ignorar a classe a que ela pertence, o ambiente em que ela vive, ou se estes, em grau significativo, determinam as características do psiquismo da criança e, como consequência, seria preciso, então, falar não sobre uma criança em geral, mas sobre a criança de uma determinada classe, de uma determinada época (interessar-se principalmente por essas especificidades, estudá-las).

---

[1] O termo russo *Sovremennost* pode ser traduzido por atualidade, contemporâneo, moderno. Utilizamos "atualidade" pois entendemos que o autor quer enfatizar a nova realidade que a Revolução Russa trouxe, em contraposição ao tsarismo atrasado, resquício do feudalismo, que predominava. Visa enfatizar a realidade que está acontecendo, que existe agora. (N. T.)

Esta não é apenas uma reivindicação legítima, mas é uma das reivindicações *fundamentais*.

A burguesia tem *mais parentesco* com todas as outras nações da terra do que com os trabalhadores com os quais vive lado a lado. Os trabalhadores *falam um dialeto diferente* da burguesia, têm ideias e *compreensões diferentes dela*, outros princípios morais, *outra* religião e política. São dois povos *completamente* distintos – tanto quanto apenas duas raças podem ser – dois povos dos quais nós, no continente, até agora apenas reconhecemos um – a burguesia. (Engels, *Anti-Dühring*)[2]

Esses dois povos vivem em condições completamente diferentes, portanto, é claro que seus filhos não são absolutamente iguais. Por isso, é preciso sempre perguntar de qual "psiquismo" estamos falando; indagar se as peculiaridades de uma criança pertencente a uma ou outra classe da sociedade estão sendo levadas em conta; se ainda agora não continuaríamos vendo como "psicologia" da criança a "psicologia" da criança burguesa; se não seria essa a assim chamada criança "média", "normal".

E quando a questão é, digamos, sobre o *egoísmo* de um pré--escolar, será que estamos falando de uma criança da burguesia e da intelectualidade, de uma criança solitária vivendo entre adultos ou vivendo em um ambiente artificial fora de uma sociedade de crianças normalmente organizada? E essa deturpação nós não estaríamos tomando como norma? Na verdade, seria assim uma criança que, desde pequena, vivesse em um alojamento de trabalhadores ou em uma aldeia, e que passasse o dia todo na rua com outras crianças? E quando as "autoridades" da pedagogia falam que as crianças rejeitam a atualidade, falam do caráter antipedagógico de introduzi-la nos estudos, não deveria ser revelado por que e para quem ela é inaceitável?

---

[2] As ênfases são minhas, V. N. Shulgin.

Finalmente, devemos perguntar se podemos, tacitamente, considerar resolvida a própria questão da atualidade. Parece-me que não. Ao contrário, essas duas grandes questões devem ser colocadas com toda a *seriedade* e profundidade de modo a resolvê-las.

Estamos fazendo nossa primeira tentativa.

O que é a atualidade, perguntamos. E a melhor resposta, parece-nos, é esta: é o imperialismo e a URSS. Nossa época está sob o signo destes. Sem entender isso, não se pode entender qualquer coisa. Sem entender isso, também não se consegue responder corretamente à questão de quais são as finalidades da educação, não se consegue entender qual material deve fazer parte do trabalho com as crianças, é impossível entender, enfim, como são as crianças da atualidade. É por isso que dizemos que essa questão deve ser colocada em toda a sua amplitude e complexidade. Por isso dizemos que, se você defende sinceramente a posição de que a escola deve formar um lutador pelos ideais da classe trabalhadora, um construtor da sociedade comunista, *então você também* está concordando que a escola deve ajudar a criança a estudar e compreender a atualidade.

Mas como conseguir isso, se muitos de nós ainda não sabem o que são a URSS e o imperialismo? E se é necessário falar detalhadamente sobre o que é o imperialismo, talvez o melhor seja recorrer a três citações do livro do camarada Lenin: *Imperialismo: fase superior do capitalismo*. Nele, apontando que uma definição nunca pode cobrir a ligação completa dos fenômenos em seu desenvolvimento exato, o camarada Lenin considera necessário dar uma definição de imperialismo. A definição inclui cinco aspectos principais:

> 1) a concentração da produção e do capital alcançou um grau tão elevado de desenvolvimento que criou os monopólios, os quais desempenham um papel decisivo na vida econômica; 2)

a fusão do capital bancário com o capital industrial e a criação, baseada nesse "capital financeiro", da oligarquia financeira; 3) a exportação de capitais, diferentemente da exportação de mercadorias, adquire uma importância particularmente grande; 4) a formação de associações internacionais monopolistas de capitalistas, que partilham o mundo entre si; 5) conclusão da partilha territorial do mundo entre as potências capitalistas mais importantes.

O imperialismo é o capitalismo no estágio de desenvolvimento em que ganhou corpo a dominação dos monopólios e do capital financeiro; em que a exportação de capitais adquiriu marcada importância; em que a partilha do mundo pelos trustes internacionais começou; em que a partilha de toda a terra entre os países capitalistas mais importantes terminou.[3]

E mais adiante, esclarecendo o conteúdo da época, ele escreve:

O imperialismo é a época do capital financeiro e dos monopólios, que provocam, em toda a parte, a tendência para a dominação, e não para a liberdade. Reação em toda a cadeia, seja qual for o regime político, acirramento extremo das contradições também nesta esfera: tal é o resultado desta tendência. Intensifica-se também, particularmente, a opressão nacional e a tendência para as anexações, isto é, para a violação da independência nacional (pois a anexação não é senão a violação do direito das nações à autodeterminação). Hilferding nota acertadamente a relação entre o imperialismo e a intensificação da opressão nacional:

No que se refere aos países recentemente descobertos, o capital importado intensifica as contradições e provoca contra os intrusos uma crescente resistência dos povos, que desperta para a consciência nacional; esta resistência pode facilmente se transformar em medidas perigosas contra o capital estrangeiro.

---

[3] Lenin, V. I. *O imperialismo: fase superior do capitalismo*, p. 84-85. [Estas páginas são da edição russa. Cf. também Lenin, V. I. *O imperialismo: fase superior do capitalismo*, São Paulo: Expressão Popular, 2018, p. 124. O livro foi publicado em 1917. (N. T.)]

Revolucionam-se completamente as velhas relações sociais; destrói-se o isolamento agrário milenar das 'nações à margem da história' que se veem arrastadas para o turbilhão capitalista. O próprio capitalismo proporciona pouco a pouco, aos dominados, meios e instrumentos adequados de emancipação. E estas nações buscam atingir o que em outros tempos foi o objetivo supremo das nações europeias: a criação de um Estado nacional único como instrumento de liberdade econômica e cultural. Este movimento pela independência ameaça o capital europeu nas suas zonas de exploração mais preciosas, que prometem as perspectivas mais brilhantes; e ele só consegue manter sua dominação aumentando continuamente as suas forças militares.

A isto há que acrescentar que, não só nos países recentemente descobertos, mas também nos velhos, o imperialismo conduz às anexações, à intensificação da opressão nacional e, consequentemente, intensifica também a resistência.[4]

Muito antes de nossos dias, em 1915, o camarada Lenin escreveu: "De tudo o que foi dito anteriormente", conclui ele em sua brochura *sobre a essência econômica do imperialismo*, "resulta que se deva caracterizá-lo como capitalismo de transição ou, *mais precisamente, como capitalismo agonizante*".[5] E agora, para substituir o velho capitalismo, o imperialismo moribundo, surgiu algo novo, que chamamos de URSS.

A URSS é a *ruptura com o imperialismo*, o próximo passo no caminho para uma sociedade comunista. *A atualidade* nada mais é do que imperialismo e a URSS. Sem uma compreensão clara deles, nada pode ser compreendido. Porém, o que é a URSS?

Parece-me que não necessitamos nos deter nessa questão em detalhes. O que é a URSS todo mundo conhece, entende e está

---

[4] *Ibid.*, p. 117. [Estas páginas são da edição russa. Cf. também Lenin, V. I., *op. cit.*, , p. 163-164. (N. T.)]

[5] *Ibid.*, p. 122. [Estas páginas são da edição russa. Cf. também Lenin, V. I., *op. cit.*, p. 169. (N. T.)]

perto. No entanto, para muitos, não está clara qual a *relação* entre o imperialismo e a URSS, e a influência desse fato sobre a totalidade das relações não só econômicas e sociais, mas também naquelas ditas pessoais e íntimas, que, em última análise, são explicadas em grande parte pelos mesmos dois aspectos.

Parece-me que é por isso que se notam algumas objeções: "tem dó, nosso país é um dos mais atrasados, igrejas dos séculos XVI e XVII, formas atrasadas de agricultura no campo, artesanato e artesãos – essa é a nossa atualidade...".

Não é verdade, eu digo, esses são resquícios, fragmentos do passado nos tempos atuais. Sim, e esses fragmentos do passado são *precisamente* os fragmentos do passado em nosso presente, são iluminados por sua luz, eles são coloridos com uma tinta diferente. Estando na nossa atualidade, eles são *diferentes* do que eram há dezenas, centenas de anos.

Vamos dar um exemplo simples. Artesão? Artesanato? Eles são, *sem dúvida*, o passado que está se retirando. Porém, não importa quanto haja em comum entre nosso artesão e o artesão do século XIII, XV, *eles não são a mesma coisa*. A relação entre aprendiz e mestre-artesão na URSS é a mesma que na Idade Média? A relação entre os mestres é a mesma? O papel deles no governo da cidade, na produção, é o mesmo? Suas vidas, condições de trabalho e métodos são os mesmos? Claro que não. Até mesmo as ferramentas de trabalho em muitos ofícios são diferentes. Eles são fragmentos do passado, *elos inseridos em uma corrente diferente*, parafusos colocados em *outra* máquina. *Eles são diferentes.*

E um vilarejo típico a 20-30 verstás[6] da ferrovia, será que nele não está presente essa marca da atualidade? A questão agrária resolve-se da mesma forma que há 100, mil anos? A

---

[6] Verstá: medida antiga russa igual a 1,06 quilômetros. (N. T.)

vida familiar sobreviveu em sua forma anterior? O estilo de vida é o mesmo? Será que a propaganda antirreligiosa não é um fato, o *moksamolets* não perturba a paz do pântano da aldeia, não a divide em grupos, não semeia dúvidas, não desperta o pensamento? Será que o comunista, mesmo um único em uma região, não é algo novo, atual? O Conselho, agora mais próximo das pessoas;[7] a fazenda soviética, em alguns lugares com tratores e eletricidade; as novas leis e, sim, finalmente, o que é mais "íntimo e pessoal", a relação entre os sexos, tudo teria permanecido igual? Será que os casamentos não são registrados fora da igreja? Não há uma série de moças que esperam "até que tudo se acalme, caso contrário se casam e daqui a um mês vão embora"? Tudo isso em conjunto não tem uma influência definitiva e dramática sobre a criança? Claro que sim. Elas passam fome junto com os adultos, ouvem suas conversas, participam e cuidam da casa, cantam cantigas de adultos, brincam de vermelho e branco. *Elas reproduzem a atualidade, vivem nela.* É compreensível, portanto, que a modificação da relação entre esses dois aspectos repercuta fortemente nelas.[8]

Na verdade, imaginemos por um momento o seguinte quadro: a Inglaterra e a Alemanha tendo o regime soviético. Não teria esse fato, essa mudança nas relações, um efeito decisivo na cidade e no campo? A exportação de grãos, de óleo, e assim por diante, não aumentaria? Claro que sim. E isso afetaria imediatamente a economia da aldeia. A oferta de carros aumentaria, a eletrificação avançaria rapidamente. E esse renascimento, essas novas formas de relacionamento não teriam influenciado a aldeia e a cidade, não teriam mudado

---

[7] Refere-se ao *soviet*, o conselho, órgão de base para organização da comunidade na construção socialista. (N. T.)
[8] Imperialismo e URSS. (N. T.)

muito a economia, portanto não teriam mudado também os momentos "pessoais", "íntimos"? Claro que sim. Logo, a atualidade de maneira nítida e imperiosa imprime sua marca em todos os aspectos da vida.

Assim, estaremos interessados, preferencialmente, nos resquícios escolares do passado que estão em nosso tempo presente? Vamos concentrar nossa atenção no estudo deles? Claro que não. Deixemos isso para os professores retrógrados, pessoas do passado. Nós, porém, estudaremos o passado somente na medida em que necessitamos dele para compreender o presente, na medida em que é preciso aprender a refazer esse passado (*essa é a tarefa da escola*), para ver a inevitabilidade de seu desaparecimento e para participar e ajudar a acelerar esse processo. "Os filósofos apenas interpretam o mundo de maneiras diferentes; mas a questão está em transformá-lo", diz Karl Marx em suas teses sobre Feuerbach e, claro, não apenas os filósofos devem mudar o mundo, mas tudo deve estar *subordinado* à solução dessa tarefa. Devemos saber mudar o presente em direção ao futuro, e isso deve ser ensinado às crianças, sendo para elas mais fácil de fazer porque vivem no presente, porque em suas brincadeiras, suas canções, suas avaliações, em suas declarações, no seu comportamento, a atualidade está claramente refletida.

No entanto, quando falamos de crianças, não estamos falando de uma criança "média", que não existe em nenhum lugar, uma criança "em geral"; não, nós estamos falando de crianças *reais*, concretas, realmente existentes, crianças que não vivem em um espaço sem ar, mas na terra, nesta época, em um determinado ambiente.

Porém, qual é o ambiente em que a criança vive? O ambiente é a natureza. E se estamos falando de Moscou, então, em primeiro lugar, a natureza de Moscou, isto é, a natureza, além de todas as outras especificidades que carregam em si a *marca da cultura*, isto em primeiro lugar, e em segundo, está a sociedade, ou mais exatamente, em primeira posição, está a *classe* a que pertencem os adultos da criança; e, portanto, só é possível compreender a criança nesse contexto, só é possível explicar corretamente suas reações quando se conhece o ambiente em que vive a criança, a classe a que pertence sua família. Por isso, é necessário falar de uma criança de fábrica, da classe operária, de uma criança da aldeia, camponesa, e assim por diante, e não de uma criança em geral. Sua psicologia não é a mesma, seu repertório de ideias é diferente, suas habilidades são diferentes etc. Apesar de as duas crianças viverem na atualidade, elas percebem-na e avaliam-na de forma *distinta*.

Aqui está um exemplo tirado do registro de um supervisor sobre uma criança da cidade. "No momento da remoção de valores da igreja, o interesse das crianças pela igreja aumentou visivelmente. No grupo mais jovem, algumas das crianças desenharam igrejas sistematicamente; um menino de 5 anos se distinguiu por isso. Ele colocou muitas cruzes, inclusive em outros edifícios (não pertencentes à igreja). Certa vez, tendo se interessado por outro prédio e vendo que não havia tijolos suficientes para sua conclusão, ele decidiu se desfazer de suas cruzes: "Se vocês quiserem, eu dou para vocês minhas cruzes, não tem problema que elas sejam de *ouro*". O ouro estava frequentemente em conversas naquela época.

No grupo mais velho, falou-se muito do motivo da apreensão de ouro. Pela manhã, Tanya, de 7 anos, disse: "Ontem nós tivemos duas igrejas roubadas, tiraram todo o ouro", mas Kolya de 6 anos e meio corrigiu-a: "Eles não roubaram, coletaram todo o ouro" – irritou-se: "os famintos precisam de pão". Tanya não desistiu: "Hoje, mais duas serão roubadas" e, olhando para Kolya zangado, corrigiu-se: "coletaram; os meninos jogaram pedras neles."

O supervisor do grupo, intervindo, perguntou: "E se esses meninos tivessem que passar fome, eles iriam se arrepender de interferir na retirada do ouro?" – "Bem, sim, eles iriam", vozes ressoaram. Khava, uma garota tártara de uma província pobre, avançou na direção da Tanya e disse: "O faminto não tem pão, então ele deve morrer?", insistiu indignada. Turly, sua irmã, começou a chorar. Acabou sendo uma cena difícil. Lyova consolou Turly: "Quando for grande, pegarei todo o ouro e darei a você". As crianças estavam do lado dos famintos, mas Tanya, aparentemente, tinha uma opinião divergente; as conversas dos fofoqueiros cativaram-na fortemente. No dia seguinte, ela já estava conversando em voz baixa com uma garota sobre os carros que retiravam tudo da igreja. É assim que a vida que os adultos vivem vai muito além das paredes da fábrica e se reflete nas brincadeiras infantis.[9]

Entretanto, a própria fábrica também se reflete em jogos e obras infantis. Motores de todos os tipos e máquinas a vapor encontram seu lugar no trabalho dos meninos. Em um jardim de infância, o entusiasmo das crianças para instalar eletricidade é especialmente notado. "Eles estão construindo uma casa sem janelas e pedem para você olhar pela porta para mostrar como está escuro lá dentro. Então, em algum lugar lateral (mas necessariamente em um lugar certo), um tijolo é removido e o interior da casa é iluminado". "As crianças do jardim da infância perto do moinho constroem moinhos: 1) a partir de cadeiras e uma escova de chão, e a escova gira em torno de um eixo; e 2) a partir de uma roda de madeira e tábuas, o tabuleiro gira. Em um jardim de infância de uma fábrica de tecidos, uma fábrica está sendo feita com cadeiras, onde tecem os lenços e distribuem aqui mesmo".[10]

---

[9] Ver artigo de R. Orlova no *"Boletim da educação"*, abril de 1923.
[10] *Ibid.*, p. 123.

Não é surpreendente, portanto, que os camaradas Lenin ou Trotsky tenham seu lugar nos jogos infantis. Cheias de contos fantásticos, as crianças, para horror dos supervisores, às vezes jogam fora os heróis do conto de fadas, e Lenin e Trotsky tomam seu lugar. "Que isso, por que o seu Lenin é tão grande, Seryozha?", pergunta Kolya (de 7 anos), surpresa com o tamanho grandioso de Lenin. "O que ele é, um gigante, ou o quê?", "Bem, sim, é um gigante", repete tranquilamente Seryozha (6 anos); "Lenin sempre é um gigante". "Não, não é um gigante", insiste Kolya. "Quem você acha que ele é?", "Ninguém, apenas é um homem". Seryozha zomba, sorrindo: "Um homem..."

> A isso se soma a conclusão das crianças de um orfanato, crianças de 7, 8 anos, a propósito das reivindicações de vizinhos em relação ao seu jardim e à 'casa vermelha'. 'Sabe, tia, vamos escrever a Lenin, ele virá, perceberá que vivemos bem, em uma *comuna*, e ordenará para não tirarem nem o jardim nem a casa vermelha de nós'.[11]

Entretanto, seria um erro pensar que os jardins de infância em Moscou são uma exceção, que só neles as crianças têm interesse nos temas esboçados. Não, isso é absolutamente verdadeiro em relação a todas as instituições infantis, mesmo em jardins de infância que não estão em fábricas, semifechados, com uma configuração pedagógica que não se interessa pela atualidade. Mesmo entre suas paredes, em jogos e trabalhos infantis, os momentos da atualidade são brilhantes e coloridos.[12] Nesses estudos, o interesse das crianças pela atualidade faz com que elas, constantemente, a retratem e a reproduzam; se desenvolve um jogo *coletivo* bastante complexo. As crianças estão construindo.

---

[11] *Ibid.*, p. 125-126.
[12] Ver materiais do Instituto de Educação Comunista, departamento de Pré-escola do N.K.P.

Todo o andar do cômodo é ocupado por várias construções, várias crianças ficam ocupadas com elas por horas e repetidas vezes retornam a elas.

A esse respeito, os temas e a organização dos jogos coletivos do lar das crianças de Vygzhanovsky, da cidade de Tver,[13] são muito interessantes. Ali as crianças constroem locomotivas de vários modelos, carrinhos, aviões. O chão do cômodo das crianças lembra um enorme pátio de fábrica com inúmeros edifícios, vagões se movimentando com um trem próximo (veja os materiais do lar). O que prejudica é que uma grande maioria dos adultos não gosta, não estuda, não sabe, não compreende a atualidade, *não sabe como ajudar a criança*, explicar para ela, dar uma resposta sensata às perguntas. E seu desconhecimento se transforma na "teoria pedagógica da não interferência".

A criança deve ser *auxiliada* em seu trabalho, mas com tato, com habilidade e, para isso, antes de tudo, é preciso conhecer o presente, pois sem isso não se pode nem mesmo compreender as "experiências emocionais" da criança, suas dúvidas, demandas e jogos. Talvez, o amor pela criança motive muitos adultos a se dedicarem ao estudo da atualidade.

Nos jardins de infância junto às fábricas, as máquinas, os equipamentos, o modo de vida, o cotidiano, a organização da fábrica, a vida social (reuniões etc.), tudo se encontra refletido vividamente nos jogos, trabalhos, nas histórias, nos desenhos das crianças.

Com menos frequência brincam de professora, de ser mãe; a esfera de interesses, a margem de impressões é mais ampla, elas brincam de fazer reunião, de feriados etc., contam segredos e cantam cantigas, brincam de policiais que dispersam o mercado, de seguranças que tiram comida dos vendedores das

---

[13] Lar era um nome também dado às instituições pré-escolares. (N. T.)

feiras, brincam de comerciantes de cigarros, constroem carros, pintam edifícios de seis e sete andares. Até mesmo crianças de 2, 3, 4 anos, ousadamente, pegam o telefone e conversam, ligam a eletricidade, se apaixonam por carros, aviões, reproduzem o barulho e os apitos do trem, o som do bonde e imitam o carro. Para elas, o passado é escuro e confuso, não o conhecem: não se lembram do soldado ou sargento, nem da Duma da cidade,[14] mas conhecem o Conselho e o Comissariado do Povo, o Mosselprom – Mono – para eles é Mono[15] e não Departamento de Educação Pública de Moscou, o policial, branco, vermelho, o soldado do Exército Vermelho, o especulador – para eles, esses conceitos são familiares e próximos. Fica claro que todas as crianças vivem na atualidade, mas avaliam, compreendem e a percebem de acordo com a classe à qual pertencem seus pais.

Novamente eu sinto um espírito perturbador, uma perplexidade, uma pergunta: "o que diz a ciência, o que diz a teoria biogenética disso?", gritam alguns. Excelente. É necessário deter-se nessa questão também. "A criança em seu desenvolvimento repete a história do gênero" – é assim que seus defensores formulam as conclusões, e parece a alguns que *todas* as etapas do desenvolvimento da raça humana são repetidas com grande precisão e em sequência *completa* pelas crianças. Esse equívoco é comum entre nós. Isso tem sido usado para combater a tentativa de se introduzir a atualidade em toda a escola.

Porém, o que dizem os psicólogos e educadores burgueses de prestígio na Europa e na América a esse respeito? Baldwin, um dos notáveis psicólogos do nosso tempo, considera necessário introduzir três correções essenciais nessa teoria. Ele está

---

[14] Ou seja, dos policiais e autoridades de antes da revolução de outubro. (N. T.)
[15] À minha pergunta sobre o que é o Mono, uma menina de 7 anos do orfanato respondeu: "Aquele lugar de onde saem as autorizações para receber bota e alimentos também".

convencido de que a criança não repete *todas* as etapas. "Em descendentes posteriores", diz ele, "*caem* certas etapas que foram necessárias para o desenvolvimento de seus ancestrais". Além disso, "as etapas normais pelas quais o crescimento natural deve passar podem ser encurtadas"[16] por "circunstâncias acidentais no ambiente".[17] Essas são as considerações que faz.

Entretanto, ele não se limita a estas, diz:

> Como podemos comparar o desenvolvimento de uma criança com a sequência de desenvolvimento animal, se não sabemos em detalhes como a *criança* se desenvolve ou o que realmente acontece em sua consciência em qualquer uma das etapas a que possa chegar no seu desenvolvimento?

Assim, é claro que, no campo dos psicólogos burgueses, não existe, portanto, um acordo total sobre essa questão, uma opinião única. No entanto, se nos voltarmos para nossos psicólogos, então teremos, em primeiro lugar, de nos deter nas declarações de K. N. Kornilov. Ele diz:[18]

> Se descartarmos todas as indicações detalhadas e limitarmo-nos apenas às teses básicas nas quais se baseia a teoria biogenética, então aparece toda uma série de dúvidas e perguntas. A principal questão que se coloca aqui é se existe na história da cultura, por um lado, e na pedagogia, por outro, uma quantidade suficiente de material estritamente científico para estabelecer paralelos firmes entre o comportamento da sociedade humana em um e outro período e o comportamento da criança naquele ou noutro ano.
>
> Devemos responder *negativamente* a essa pergunta, pois, mesmo que assumamos que, na história da cultura, estão firmemente

---

[16] Baldwin. *Desenvolvimento espiritual da criança e da raça humana*. Parte 1.
[17] Por esse último, Baldwin entende o ambiente social, a classe à qual pertencem os adultos da criança.
[18] Ver seu artigo "O princípio biogenético e seu significado na pedagogia", na coleção *Infância e Juventude*.

estabelecidos aqueles períodos pelos quais a humanidade passou em seu desenvolvimento, ainda não discutimos se seriam os períodos enumerados por Hutchinson: errantes; caça; pastoril; agrícola e comercial, ou se seriam os estabelecidos por Marx: 1) clã; 2) feudal; 3) burguês e 4) socialista. Em qualquer caso, a questão do comportamento e da psicologia da sociedade, em um e outro desses períodos, é a mais difícil, aguardando pesquisas mais aprofundadas nessa área.

Desnecessário falar acerca da pedagogia, pois, como uma jovem ciência, ela ainda espera por seu próprio Marx, que estabeleceria com firmeza os períodos de desenvolvimento da criança e lhes daria uma descrição inequívoca. É por isso que o princípio biogenético, que deveria ser totalmente baseado em dados da história da cultura e da pedagogia, no estado atual de ambas as ciências, ainda não é mais do que uma equação com *duas incógnitas, portanto todos os paralelos* que se tentam estabelecer entre o desenvolvimento da criança e o da humanidade *nada mais são do que analogias* e, como tal, carregam em si todas as carências inerentes a esse tipo de inferência.[19]

    Assim, vejam, camaradas, que a referência à teoria biogenética de quem tenta com esse argumento, o *único* que parecia importante e de peso, refutar a nossa afirmação de que a criança vive quase inteiramente na atualidade, essa referência não é convincente, não se justifica de forma alguma. Portanto, se o principal argumento que é usado para refutar nossa afirmação cai, vemos isso como uma nova evidência da correção de nosso ponto de vista.

    Talvez seja permitido falar de alguma *correspondência fraca*, nitidamente modificada pela introdução da atualidade, pela vivência da criança nela. Aqui é necessário relembrar Dewey, um dos famosos filósofos, educadores e psicólogos de nosso tempo. Ele argumenta que:

---

[19] Destaques de V. N. Shulgin.

As crianças não apenas repetem em seu desenvolvimento as *principais* atividades da raça, mas também reproduzem aquelas que a rodeiam. Elas constantemente veem os adultos fazendo coisas (obtendo recursos, comida, roupas e abrigo e, finalmente, fornecendo moradia permanente). A criança lida diariamente com materiais que são *resultados dessas* ocupações. Ela entra em contato com fatos que são significativos apenas em conexão com elas. Tire tudo isso da vida social moderna e verá que pouco restará, não só na esfera material, mas também em relação às atividades mentais, estéticas e morais, porque *todas* estão inevitavelmente e em grande medida ligadas às ocupações.[20]

Dewey não para nessas afirmações: parece-lhe que, desde muito jovem, as crianças se interessam pela atualidade; ele está convencido de que edifícios em construção são mais compreensíveis e próximos de crianças urbanas em idade pré-escolar do que são os animais para estas; aconselha que cada professora de jardim da infância, antes de dar às crianças este ou aquele material, pense se a atualidade está refletida nele.[21]

Mas talvez Gansberg vá ainda mais longe. Para ele, parece que "a criança, de fato, não quer outra coisa senão compreender o mundo à sua volta",[22] a atualidade. Por isso, ela pergunta constantemente: "O que isso significa? Por que isso está acontecendo? Como isso é feito?".

É por essa razão que devemos "falar constantemente sobre uma das coisas mais essenciais: sobre a nossa vida, a nossa cultura, a atualidade, a pátria".[23]

> Todos dizem – escreve Gansberg – que queremos fazer a criança amadurecer para o *nosso* mundo, para a *nossa* cultura,

---

[20] Ver *Escola e criança*, p. 40.
[21] Ver Dewey, *Escola do futuro* e *Escola e criança*.
[22] Gansberg, F. *Pedagogia*, p. 79.
[23] Id. *Escola do trabalho*, p. 55.

nossa vida espiritual, no entanto, todos ensinam o passado e o estranho. Querem traçar o curso histórico do desenvolvimento e acabam se aproximando da atualidade ardente. Eles obrigam-nas a estudar a vida e as aventuras dos pequenos povos da Ásia Central nos mínimos detalhes, mas a calar-se acerca do que é mais próximo e atual, daquilo que as crianças vivem, respiram e para o qual atuam todos os seus sentimentos: eles silenciam acerca da realidade.[24]

Familiarizamos os estudantes com o distante e nos esquecemos de ensiná-los a estudar aquilo que os rodeia, a sentirem-se confiantes e fortes entre o que é mais próximo. Pátria e vida cotidiana – nelas, afinal, milhares e milhares de milagres se escondem; é aqui que a fé na vida cresce. Nossa matéria de estudo *mais importante* é o 'estudo da realidade'.[25]

E o aspecto principal e característico da realidade é a máquina.

Vivemos na era das máquinas. Que fenômeno complexo constitui em si qualquer máquina, pela qual passamos todos os dias com total indiferença ou a olhamos como algo incompreensível para nós. A máquina é a mente humana em uma forma concentrada e comprimida. Portanto, *uma* máquina pode dar material para *todos os oito anos de escola*.[26] Será que apenas uma parte de uma máquina não é suficiente para desenvolver toda a física prática, por exemplo, a roda excêntrica, a roda dentada e todos os tipos de transmissão de força? Por que estamos fechando essas fontes para nós mesmos?[27]

E, passando à questão do material que deve ser dado à criança na escola, Gansberg fala sobre estudar "detalhes, particularidades" concretas com crianças de até 11 anos de idade:

---

[24] *Id. Pedagogia*, p. 52.
[25] *Ibid.*, p. 38. Todos os destaques são de V. N. Shulgin. (N. T.)
[26] Destaque de V. N. Shulgin.
[27] Gansberg, F. *Escola do trabalho*, p. 55-56.

"um barco a vapor, uma fogueira, uma oficina, falta de casa, uma padaria, um lojista, e assim por diante".[28] Isso é o que entra em seu campo de visão, que é o objeto de estudo. Ele enfatiza fortemente em seguida que "devemos pegar material de crônicas, relatórios, várias sociedades científicas, da liderança de diversos ofícios, de artigos de jornal e ensaios populares, e assim por diante".[29]

Para Sharrelman:

> Você talvez ache simplesmente uma loucura tomar fenômenos complexos, como um carro e uma lâmpada de arco,[30] como ponto de partida. O ensino deveria, dizem, começar com experimentos e observações mais simples. Sim, teoricamente isso é muito elegantemente pensado, mas *não para a infância*. O interesse da criança a atrai para o *complexo*, e *não para o simples*. E psicologicamente, a sabedoria da velha escola 'do simples ao complexo' é completamente incorreta e errônea.[31]

É assim que os melhores educadores burgueses modernos do Ocidente e da América estão tentando resolver essa questão fundamental, da maior importância. Seria possível referir-se a uma série de outros nomes, fazer várias citações e referências, mas vale a pena multiplicá-los?

Deve-se apenas enfatizar, camaradas, que os educadores burgueses não tocam nas questões da luta de classes e distorcem os princípios básicos do desenvolvimento da sociedade. Porém, eles fazem isso não porque seja demasiadamente complicado, muito incompreensível para a criança, ou que ela não tenha

---

[28] *Id. Pedagogia*, p. 55.
[29] *Ibid.*, p. 59.
[30] A lâmpada de arco voltaico foi inventada por Humphry Davy no final do século XIX e foi usada entre 1888 e 1920. Foi a precursora das lâmpadas de mercúrio e de sódio. (N. T.)
[31] Sharrelman, G. *Escola do trabalho*. Moscou. Edição de 1918. 68 p. [Destaques na citação de V. N. Shulgin. (N. T.)]

nenhuma experiência nesse sentido, nenhum acúmulo de opiniões. Isso não é verdade. Tudo está impregnado pela luta de classes. Ela se encontra em qualquer lugar do mundo, você pode vê-la em qualquer rua da cidade; em cada família está presente um reflexo disso, a criança sabe disso (é um fato) e, se elas não falam sobre isso, é *apenas* porque assim cumprem *a tarefa da classe dominante* de "obscurecer" a autoconsciência de classe, "apagar" as particularidades de classe.

Nós vamos falar com nossas crianças sobre a luta de classes, vamos revelar os princípios básicos do desenvolvimento da sociedade humana, vamos falar tanto sobre os ideais da burguesia como sobre os ideais da classe trabalhadora, sobre sua luta, vamos participar dela juntamente com as crianças, estudá-la.

A questão da atualidade e das crianças, dessa forma, não consiste em ver se seria ou não possível introduzir a atualidade na escola; tal formulação da questão não tem sentido. Assim, colocam-na os que têm tudo no passado, quem especula sobre seu amor pelas crianças, aqueles que, sob esse tipo de contrabando, tentam apoderar-se delas, incutir nelas a sua ideologia, colocá-las a serviço da burguesia, aqueles que tentam nos enganar, inimigos, hipócritas ou simplórios enganados.

Não faz sentido colocar a questão dessa maneira porque as próprias crianças fazem parte da atualidade, estão nela, vivem nela e, consequentemente, toda a questão está em como ajudá-las a conhecer melhor os momentos fundamentais da atualidade, compreendê-la, estudá-la, a partir de qual idade, em que quantidade e em que sequência fazer isso.

E se nós, camaradas, conseguirmos isso, então nós, com maior direito do que muitos agora, poderemos falar sobre a organização da vida das crianças, sobre o trabalho da criança corretamente organizado, pois não partiremos daquilo que nós preferimos, do que nos parece interessante, do que gostamos (como costuma acontecer com frequência), mas a partir do estudo e compreensão daquela base na qual a criança cresceu, do ambiente no qual está imersa, daquele acúmulo de ideias e habilidades que ela possui, e não da teoria que sugere "verdades" sobre uma criança média inexistente. E não esconderemos hipocritamente de ninguém as finalidades da educação, não as retiraremos, para nós e para a criança, das etapas passadas que a humanidade viveu há muito tempo, mas caminharemos com a criança para o futuro, tecendo-o na vida, ligando-o aos ideais que pertencem ao futuro, pelos quais há uma luta no presente: aos ideais da classe trabalhadora.

III. SOBRE A AUTO-ORGANIZAÇÃO[1]

Educar um pequeno escravo (ou um comandante de escravos), uma arma de guerra, um súdito que não deseja alterar substancialmente o sistema burguês existente – essas são as finalidades que o Estado burguês estabelece para as escolas.

Por esses objetivos determinam-se também o conteúdo do trabalho, o volume e a estrutura interna da escola.[2] *A essas finalidades também serve a auto-organização nessa escola.* Na escola

---

[1] O termo russo *samoupravleniye* tem vários significados: autogoverno, autonomia, governo local, administração autônoma. O que estamos usando aqui enfatiza, como já indicamos antes, o caráter auto-organizativo – tanto coletiva quanto pessoalmente –, a forma de organização para a tomada de decisões coletivas, que exige também uma capacidade de organização pessoal. Nosso entendimento é que o autor não inclui na concepção a ideia de uma autonomia em todos os aspectos da escola como, por exemplo, no campo das questões afetas ao plano de estudos da escola e a atuação profissional dos educadores. Não vemos na proposta a ideia de um "autogoverno" da escola no sentido que lhe atribuiria, por exemplo, a filosofia anarquista. (N. T.)

[2] Note-se que Shulgin, além de considerar necessária a crítica do *conteúdo* (e *de* sua quantidade) veiculado pela escola burguesa, ou como diríamos hoje, a crítica de como a escola burguesa filtra e sonega o acesso da classe trabalhadora ao conhecimento historicamente acumulado, ele inclui, simultaneamente, a crítica da própria *estrutura interna* da escola. (N. T.)

de massa de todos os países burgueses do mundo, o professor é um monarca sem limites. Ele se opõe às crianças, à turma. Ele tem um número ilimitado de oportunidades e meios à sua disposição para atingir o objetivo que lhe foi estabelecido; as crianças estão completamente em suas mãos. Ele as expulsa porta afora, deixa-as por mais um ano na mesma série, dá notas baixas, reclama delas para seus pais (e os pais batem nelas), bate nelas ele mesmo (a violência contra as crianças na escola ainda está em toda parte) e, por último, as expulsa da escola. Ele as faz estudar coisas difíceis, desnecessárias, desinteressantes, não permite que se comportem da maneira que elas querem, e as crianças de todos os lugares sempre respondem para ele com zombarias, barulho, gritos, jogando pedaços de giz ou papel mastigado nele, brigando. Às vezes, elas não se contentam em se agrupar na sala de aula e formam grupos maiores que abrangem toda a escola. Então, os tipos e formas de luta tornam-se mais complicados, prolongados, e isso une as crianças, desenvolve nelas a engenhosidade, a coragem na luta e uma série de habilidades.

No entanto, o professor é um funcionário do Estado, o regente das ordens deste na escola, ele é um representante do poder estatal. Logo, a luta contra ele, o escárnio e o desrespeito a ele são a luta das crianças contra o poder do Estado. Revela-se, então, uma contradição. Na realidade, a própria escola que é chamada a educar executores obedientes, escravos, essa mesma organização que desempenha perfeitamente essas tarefas há várias décadas começa a incutir nas crianças o desrespeito ao poder do Estado, a consciência da possibilidade de infringir suas ordens e, mais que isso, as habilidades de lutar contra seus representantes. Porém, essa luta das crianças não é uma exceção, e sim a regra. Além disso, nas últimas décadas, encontramos até fenômenos como greves de estudantes. É óbvio que na escola nem tudo vai bem. É algo para se pensar. E vemos como o governo burguês está tomando uma série de medidas para eliminar essas "anormalidades". E eis que agora, junto com outras medidas, aparece a auto-organização.

Sua tarefa é aliviar o professor de deveres policiais desagradáveis (como supervisão, repreensão, punições, exclusão da escola etc.) e colocá-los nos ombros dos estudantes, quebrar sua coesão, forçar alguns a seguirem outros, anotá-los no diário de penalidades e os ressentidos com essa auto-organização a se dirigirem ao professor *como última instância*.

Assim, o professor deixa de ter um *lado* controlador, de inimigo de *todas* as crianças, aquele que resiste a toda a turma, e torna-se um juiz "imparcial", que está *acima* dos grupos em conflito, os reconcilia, condena um e apoia o outro. Como resultado dessa medida sua autoridade cresce, sua influência aumenta, as crianças se dividem, as ordens do poder estatal e de seu representante não são mais alvo de provocações nem chacotas. Com isso, as finalidades traçadas para a escola tornam-se mais fáceis de alcançar.

Essas são as finalidades do primeiro tipo de auto-organização. Foerster[3] é seu defensor mais proeminente. Ele escreve:

> Não se deve ficar tão intimidado pelos exageros americanos a ponto de se rejeitar instruções pedagogicamente valiosas. Nós, absolutamente, não precisamos nos tornar democratas se aprovamos uma Constituição; não há, *absolutamente*, necessidade de descartar o princípio *monárquico* do governo do professor com a autoridade incontestável da sua experiência madura; *ao contrário*, o autor considera esse princípio de autoridade como um fator *insubstituível* para a educação saudável da juventude. Mas também é importante, *precisamente* para que *essa* autoridade docente possa ter um *efeito mais forte*, *transformar* a existente

---

[3] Friedrich Wilhelm Foerster (1869-1966), acadêmico alemão. (N. T.)

autoridade de espírito corporativo, de um fator de *oposição* em um fator que *contribui* para a formação pedagógica, e isso não pode ser alcançado de outra forma senão por meio do bem conhecido reconhecimento oficial dessa outra autoridade.[4]

A forma mais ampla desse tipo de auto-organização foi implementada nas escolas de Berlim. Lá, diversas crianças foram envolvidas no exercício de diferentes obrigações da turma e em reunião geral desta, algumas das suas condutas eram examinadas. Por frequentes violações das regras do regulamento da escola (ele não muda), as crianças eram transferidas para outra turma por tempo indefinido.

Aqui estão as responsabilidades que adolescentes têm e os cargos que eles ocupam: 1) *zelador* da limpeza: inspeciona os "sujinhos", limpa quadros-negros, esponjas, trapos, carteiras, areja salas, limpa janelas, tinteiros etc.; 2) *zelador* da ordem e do silêncio: têm a obrigação de fazer cumprir o parágrafo 5 do regulamento da escola: dentro do prédio, nas salas, nos corredores e nas escadarias é proibido todo barulho, gritaria, correr e brincar; 3) *zelador* para a interrupção de conversas: quem recebe o aviso sobre tagarelar três vezes durante o dia, o zelador anota em um caderno, depois segue-se a advertência, e assim por diante; 4) *zelador* para a educação de uma linguagem decente: deve interromper seus companheiros se eles usarem palavras ásperas e obscenas. Ele não precisa cuidar disso sozinho, podendo convidar outros para ajudar. Um estudante rude e que xinga recebe um aviso, mas, se o aviso é infrutífero, esse estudante é registrado no diário de penalidades. Aparecer nesse diário *três vezes* pode levar a ter uma anotação ruim no boletim; 5) *zelador* do comportamento geral: preocupa-se com aqueles que mostram *desobediência* permanente. A opinião geral da escola condena a

---

[4] Foerster. *Escola e caráter*, p. 307 [Destaques de V. N. Shulgin (N. T.)].

teimosia como algo repreensível e o estudante individualmente é propenso a ceder a essa opinião, pois é desagradável para ele receber censuras e advertências de seus companheiros. Vendo que os seus camaradas estão contra ele, que comentam e reclamam disso e daquilo, que as meninas, muitas vezes, o censuram, *o estudante já não pode queixar-se de que o professor o persegue*; 6) *coordenador* de jogos: sua obrigação é cuidar para que todos os estudantes tomem parte do jogo e combater a grosseria no jogo. O coordenador e seu assistente se certificam de que os estudantes não se agarrem (os pais ficam felizes se seus filhos voltam da escola com a roupa inteira); 7) *coordenador* do herbário.[5]

A estrutura da escola, portanto, permaneceu completamente a mesma. Em vez de um "zelador", há sete deles; todo o lado desagradável de polícia é despejado nos pequenos zeladores e a autoridade maior ganha com isso. Ela já não está mais em uma posição controladora aos olhos das crianças, mas na de um juiz "imparcial". Não se pode deixar de fazer justiça à engenhosidade dos educadores que prestam serviço à burguesia: sem dúvida, essa medida ajuda bastante, com seu uso hábil, a cumprir a finalidade proposta para a escola pelo Estado burguês.

Porém, se para as escolas de massa, populares, usam o primeiro tipo de auto-organização, nas chamadas escolas "novas", ou seja, nas escolas em que os filhos da classe dominante são formados para dirigir as massas, existe um segundo tipo de auto-organização: às crianças é concedido o direito de participar *parcialmente* da *organização de suas vidas* e da *vida da instituição* em que são formadas. A forma de auto-organização é muito diversificada.

Aqui estão algumas delas:

---

[5] Berner Schulblatt, n. 26, 27, 1910.

Nas reuniões que acontecem a cada trimestre do ano, as crianças distribuem entre si as responsabilidades decorrentes da vida social da escola. As principais responsabilidades são as seguintes: 1) armazenamento e aquisição de livros, materiais e ferramentas necessárias ao trabalho; 2) correspondência com este objetivo para fornecedores ou idas até eles, cálculo com precisão dos custos associados a esse consumo, organização de grupos e horário das atividades, bem como o monitoramento da ordem e limpeza das seguintes instalações: a) na sala de modelagem, papelão e desenho; b) na oficina de carpintaria; c) na serralheria e ferraria, e assim por diante. Outras responsabilidades incluem cuidar dos jardins, das dependências, compras e vendas relacionadas às operações agrícolas, gerenciar o trabalho de campo e a contabilidade agrícola, os jogos e a edição de 'boletins'.

A assembleia geral também elege um presidente para cada *trimestre*, cuja função é supervisionar a ordem geral e a implementação das decisões da assembleia geral e representar os *estudantes nas reuniões da comissão de pais*, bem como coordenar de forma geral os esforços de todos, estabelecer a conexão necessária entre os vários cargos e resolver os conflitos que possam surgir.

Porém, há outras responsabilidades que as crianças desempenham durante um mês, uma semana. Por exemplo, os deveres mensais incluem: a) obrigações médicas; b) cuidados com brinquedos, limpeza do local, e assim por diante; c) deveres relacionados com a revista, agência de encomendas etc. Os semanais: manutenção da limpeza em banheiros, de sapatos, vestiários, camarins. Além disso, há um juiz de arbitragem para jogos, um escriturário, um aviário.

Além dessa participação na vida social da escola, decorrente da divisão do trabalho, as crianças têm uma participação mais direta, talvez, na organização da vida escolar, organizando festas, exposições, excursões e discutindo vários assuntos relacionados com a vida interna da escola. Mesmo o horário das aulas não fica completo sem a participação dos educandos. O plano das aulas elaborado é *proposto* para discussão em assembleia geral, que o examina detalhadamente e, por isso, às vezes, é *mudado* de acordo com os legítimos desejos das crianças.

A assembleia geral de estudantes desempenha *um papel quase autocrático*. Somente em casos graves, em que a inexperiência dos estudantes possa prejudicar o espírito educativo da escola, eu veto a decisão da reunião. Isso acontece muito raramente, porque, no nosso modo de vida, uma vida de amizade, aberta, honesta, familiar, podemos, *por meio dos estudantes mais velhos, exercer certa* influência nas decisões das reuniões, em certa medida conduzi-los.

Em *primeiro lugar,* apelamos aos estudantes mais velhos *que se mostraram dignos* e pedimos-lhes que exerçam *influência direta tanto sobre os mais novos* quanto sobre os do meio. A assembleia geral mostra-nos esses estudantes dignos. Eles têm a responsabilidade de *garantir* que aqueles dois, três dos estudantes mais jovens *que lhes são atribuídos* sejam pontuais na sala de aula e na mesa, mantenham sua roupa de cama, vestimentas, livros e outros itens em ordem e que seu caderno de classe esteja em ordem e para que eles mantenham registros precisos de suas despesas. São irmãos mais velhos que desempenham o papel de educadores e ajudam os mais novos a adquirir hábitos elementares de ordem e limpeza.[6]

Essa é a forma de auto-organização introduzida por Faria de Vasconcelos na sua "Escola Nova na Bélgica". Nela, mais do que em qualquer outro lugar, os aspectos negativos do segundo tipo de auto-organização foram *suavizados*. E mesmo aqui ela não sai dos limites da escola, carrega consigo a marca da estrutura de um determinado Estado, e aqui as crianças mais velhas desempenham o papel de ministros.

Esse tipo de auto-organização também existia entre nós na Rússia antes da Grande Revolução de Outubro. Ele surgiu

---

[6] Destaques são todos meus, V. N. Shulgin.

na era da primeira Revolução Russa, em 1905, uma época em que muitos dos professores liberais começaram a sonhar com a auto-organização, com comitê de pais, com "república da juventude", e alguns tentaram colocá-la em prática. Essa ideia encontrou eco particularmente interessante e proeminente na experiência de S. T. Shatsky em sua colônia. Ali tentaram criar uma república infantil, devolver a infância às crianças, puxando-as para fora da difícil situação da realidade, mas, em vez da república, foi criada uma monarquia limitada, que em muitos aspectos se assemelhava à monarquia russa nos anos pós-revolucionários,[7] anos de infortúnio.

No entanto, foi uma das experiências mais brilhantes e revolucionárias. Em que consistiu? As crianças tinham o direito de participar da construção da própria vida, da vida da colônia. Nela, eram feitas assembleias gerais com crianças mais velhas e mais novas, às vezes juntas, elas "escolhiam" várias das pessoas responsáveis, discutiam as deficiências da vida da colônia, tinham que participar do cumprimento dos deveres domésticos etc.; em poucas palavras, participavam da construção de uma colônia infantil.

Porém, nas relações internas entre adultos e crianças, entre crianças mais velhas e mais novas, existiam constantes mal-entendidos que revelavam, a par de outros fatos, o *objetivo* da auto-organização, o papel dos adultos, o papel dos camaradas "mais velhos". "Agora, uma vez que os *colegas deram* regras adequadas para os que estão na colônia, *eles devem descobrir como e em que medida as usar*, e ocorre que os pequenos estão de alguma forma protegidos de ações erradas da parte dos grandes, e estes últimos ficam expostos às regras pelos pequenos."[8] Assim escreve

---

[7] Pós-revolucionários em relação à revolução de 1905. (N. T.)
[8] *Vida alegre*, p. 69.

um dos "veteranos da colônia" na revista infantil, sobre o qual os coordenadores afirmam que "correspondeu às expectativas, que tínhamos o direito de depositar nele".

E o que esse documento nos diz? Que a constituição foi *dada desde cima* por adultos, que ela determina, entre outros assuntos, a relação entre as crianças mais velhas e as mais novas, que as crianças *assimilaram* que deviam ser gratas pela constituição concedida, que sentem e sabem que não devem ousar mudá-la, eis porque pedem aos adultos que a "expliquem". (A que período de nossa vida esse documento se refere? Todos os que conhecem bem a história da Rússia responderão, sem erro).

Isso não aconteceu imediatamente, é claro. Houve um período em que as crianças acharam a auto-organização ofensiva. Por quê? "É interessante notar que sempre que, em *algum* aspecto, a vida da colônia se tornava mais definida, havia colonos[9] que não conseguiam se conformar com ela e tinham que nos deixar".[10]

Mas a questão não se limita a isso. Quem são tais colonos mais velhos que sensibilizam com seu comportamento de adulto; qual é o seu papel, por que estão em "conflito constante com os colonos mais novos"?

> Com a expansão da fazenda,[11] começaram a aparecer 'administradores' de áreas específicas – a lavanderia, o curral, a horta, as galinhas, a cozinha e, entre outras coisas, os administradores de limpeza ou saneamento. Eles *nomeavam* habitualmente os

---

[9] Repúblicas e colônias escolares existiram na Rússia desde antes da revolução de 1917 e continuaram a existir depois. No entanto, o termo "comuna" é característico da concepção da revolução de 1917. O termo "colônia" sugere uma fundamentação que difere da concepção de uma "comuna" nos termos tratados por Shulgin. Daí que, em outras concepções que adotam o termo "colônia", a identificação dos participantes desta se dê pela denominação de "colonos". (N. T.)

[10] Ênfases de V. N. Shulgin.

[11] Fazenda onde estava instalada a colônia. (N. T.)

mais antigos, mais experientes, *de modo que*, às vezes, surgiam pequenos mal-entendidos, sobre os quais se falava nas reuniões.[12]

Esses "pequenos mal-entendidos" que, "às vezes", surgem entre adolescentes mais velhos e mais novos são um fenômeno *constante* deste segundo tipo de auto-organização, uma particularidade característica dele. Por intermédio dos nomeados, os adultos põem em prática a sua vontade, pressionam nas assembleias gerais, e quando isso não adianta, os adultos têm que "insistir" eles mesmos na assembleia geral. Essa é a natureza da relação entre crianças e adultos no segundo tipo de auto-organização. Nem é preciso dizer que a expulsão da colônia, a expulsão da escola, as repreensões e as advertências foram repassadas para a assembleia geral ou para um juiz, às vezes, para um tribunal. E aqui às vezes, assim como na colônia de Shatsky (ele não está sozinho), os adultos "têm êxito".

Fica claro, assim, que a constituição infantil *não nasceu* da vida das crianças, nem foi por elas recebida como resultado da luta, não foi trabalhada conjuntamente pelos mais velhos e pelos mais novos; não, ela foi dada de cima pelos adultos, e as crianças percebem isso; mais ainda, elas aprenderam que é preciso olhar para isso como uma "misericórdia" vinda de cima, habituaram-se ao fato de que é necessário se comportar dessa maneira, e é por isso que antes consideravam a auto-organização ofensiva e, depois, respeitosamente se voltavam para os adultos e pediam que explicassem-na.

Se isso surgisse de suas vidas, se eles mesmos a criassem, eles se considerariam no direito de modificá-la, ela seria a constituição deles. A relação entre eles e os adultos seria diferente. Assim, a tentativa de criar uma república infantil terminou na

---

[12] *Vida alegre*, p. 63, p. 182. [Ênfases de V. N. Shulgin (N. T.)]

criação de uma monarquia, que muito faz lembrar a monarquia constitucional da era de infortúnio.

É absolutamente verdade que, nas escolas secundárias rurais (*Landerziehungsheim*), a vigilância policial por parte do professor desaparece em benefício do espírito geral da educação, mas, no lugar dessa vigilância, são colocadas coisas mais valiosas: 1) relações amigáveis entre estudantes e professores, e 2) cooperação dos melhores estudantes, inspetores. Esses últimos são escolhidos entre os meninos mais maduros e eficientes.

Com tais palavras, Frey faz um resumo do segundo tipo de auto-organização. Já vimos o que se entende por uma relação de amizade entre professor e estudantes, o que significa a cooperação dos melhores estudantes (inspetores).

Em geral, esse tipo de auto-organização é mais difundido em países politicamente avançados (Suíça, América), e é utilizado principalmente para familiarizar as crianças com a constituição do país, para dar-lhes a oportunidade de compreender sua "benevolência", para familiarizá-las com seus direitos e responsabilidades como futuras cidadãs, para ensiná-las (em *Landerziehungsheim*)[13] a organizar a si mesmas e a governar, comandar.

Vemos o exemplo mais completo, vívido e abrangente desse tipo de auto-organização na República das Crianças da Geórgia, na América. Na verdade, foi criada para meninos "criminosos", com delitos morais. Isso explica, em grande parte, a ênfase em momentos como "prisão infantil", "tribunal", mas de uma forma mais descontraída a mesma coisa existe em várias organizações infantis para crianças normais.

---

[13] Essa denominação foi dada, no caso da Alemanha, pelo educador Hermann Lietz e tem por base uma crítica à escola convencional centrada na transferência de conhecimento. Visava uma educação mais integral e localizavam-se em áreas rurais afastadas das cidades. (N. T.)

A pequena comunidade (da Geórgia) é inteiramente deixada a sua própria auto-organização. As leis são elaboradas e estabelecidas pelos cidadãos em assembleias gerais que se realizam uma vez por mês. Todas as crianças com mais de 15 anos tornam-se "cidadãs" e têm o direito de votar e de ocupar algum cargo público. As leis são as mesmas que se aplicam no estado de Nova York, juntamente com os regulamentos locais referentes às condições de vida existentes na república. Por exemplo, existem leis contra fumar tabaco, contra a blasfêmia e outras. Nas noites de terça-feira, todas as semanas, há uma sessão de julgamento, e todos os casos e incidentes da semana anterior são considerados na presença de um juiz civil e, muitas vezes, de um júri de quatro pessoas. O condenado à prisão é entregue a um guarda civil, *que o coloca na prisão*, onde é obrigado a participar do trabalho prisional. Aqui ele não tem o privilégio de trabalhar para si mesmo; tem que trabalhar para os órgãos de governo da república e está apenas recebendo sua refeição na prisão. Todos os membros do gabinete (órgão do governo central) são eleitos pelos cidadãos em novembro, os restantes são nomeados pelo presidente. Todas as obrigações sociais são desempenhadas por crianças durante um ano.

Aqui estão os títulos dos cargos: presidente, vice-presidente, secretário de estado, tesoureiro (esses três últimos constituem o gabinete do presidente), juiz de meninos, juiz de meninas, promotores de justiça de meninos, promotores de justiça de meninas, oficiais de polícia, superintendentes de prisões. A comunidade possui um grande lote de terreno, uma padaria ao lado, carpintaria, serralharia, tipografia, lavanderia.

A teoria que está na base da república infantil de Geórgia consiste em ensinar as crianças como se *adaptar* a essa sociedade, não a qualquer sistema artificial de vida social, mas ao *realmente existente*; elas devem aprender a trabalhar e, além disso, trabalhar voluntariamente. Por sua própria motivação e de boa-fé, devem entender que, uma vez que são futuros cidadãos em uma democracia, então as leis dela são suas próprias leis, e que elas devem, até certo ponto, familiarizar-se com os princípios reais do sistema político em que todos vivemos, devendo aprender como é importante para todos cumprir funções que lhe cabem nesse sistema.[14] Além disso, aqui a criança é apresentada na prática ao que a ameaça em sua querida república, caso deseje alterá-la substancialmente (prisão infantil). Assim, a auto--organização ajuda o professor a cumprir as tarefas atribuídas à escola pelo Estado burguês.

Bem, mas e aqui, como nós devemos planejar a nossa auto--organização? Vamos copiar a constituição de nossa república a todo custo, vamos nos esforçar para estabelecer a ordem na escola criando, em vez de um inspetor, uma dúzia deles, recrutando-os entre as crianças, vamos criar tribunais infantis nos quais as crianças são especialistas em estudar "crimes" dos outros meninos, criar grupos de "irmãos mais velhos", na verdade ministros nomeados para a tutela e a vigilância dos mais jovens – ou a nossa auto-organização tem outros objetivos, talvez mais amplos, necessariamente decorrentes das finalidades que estabelecemos para a escola? Claro que sim. Porém, em que elas consistem? O objetivo da escola é educar um lutador pelos ideais da classe trabalhadora, o construtor de uma sociedade comunista. E o que isso significa? Quais são as exigências que necessariamente decorrem disso?

Para a realização dessas finalidades, não basta, é claro, conhecer os ideais da classe trabalhadora; é preciso *saber* trabalhar coletivamente, viver coletivamente, construir coletivamente;

---

[14] Cito pelo artigo de Weytzel, "*A experiência de criar uma comunidade auto--organizada de crianças como um meio de educação*".

é preciso *saber lutar* pelos ideais da classe trabalhadora, lutar muito, incansavelmente; é preciso ser capaz de *organizar* a luta, *organizar* a vida do coletivo, e isso não pode ser aprendido de repente, mas desde os primeiros anos de idade, por meio do trabalho independente, da construção coletiva independente, do desenvolvimento de habilidades organizacionais e hábitos. *Nisso* consistem as tarefas fundamentais da auto-organização. Precisaríamos para tais finalidades de um tribunal infantil, de uma constituição de adultos? Claro que não. Para isso, é necessário reconstruir de cima abaixo todas as instituições infantis. Mostre, demonstre para o professor que as crianças desde muito cedo já estão fazendo isso, e é só isso que elas querem: ajudá-lo a colocar em prática seu plano. As crianças desde muito pequenas devem ser atraídas para reuniões em grupos: nem que seja um jogo em grupo seu primeiro trabalho elementar. Isso é típico delas? Claro que sim. Os pré-escolares de 4 a 5 anos *já sabem* trabalhar e viver coletivamente. É preciso só ser capaz de não abafar, mas apoiar esses traços do caráter de uma criança *de todas as maneiras possíveis.*

Devemos esquecer o "egoísmo" da criança, pois outra coisa a caracteriza melhor: os instintos sociais. A criança se sente muito bem na *comunidade infantil* e, sem esta, ela é bagunceira e entediada, ela sente *dependência dela,* de sua influência. Na realidade, não faz a criança um número infinito de perguntas? Será que os "por que" e "para que" não são suficientes para caracterizá-la? Será que principalmente em seus jogos a criança não reproduz momentos sociais? Afinal, a imitação não é o seu traço característico? A pesquisa, as descobertas constantes que ela faz, não repousam, não surgem de um instinto social? Será que você conhece algum garoto de 3 ou 4 anos que não tenha amigos? A velha escola e a família abafaram estes instintos. Nossa responsabilidade é desenvolvê-los.

Nas brincadeiras infantis, brincadeiras de chão, de movimento, alguma vez tentamos ajudar a criança a resolver corretamente a questão da *união* das forças das crianças, *da correta organização da brincadeira*, do trabalho conjunto com outras pessoas, com um grupo de crianças? Nós ou nos intrometemos rudemente em seu trabalho, desfigurando-o, perturbando seus cálculos, ou nos sentamos na qualidade de observadores, transformando nossa incapacidade, impotência e inabilidade para ajudar a criança no princípio do "livre desenvolvimento espontâneo, [...] da revelação de sua personalidade" e assim por diante.

É hora de acabar com essa hipocrisia e impotência e *aprender a ajudar com habilidade* e tato a criança em seu trabalho e em sua vida: esta é a tarefa do professor. E ao resolvê-la, o professor enfrentará, antes de tudo, a dificuldade de que ele mesmo não sabe como se preparar e organizar corretamente, com o fato de que ele mesmo não sabe trabalhar, pensar e viver coletivamente e, justificando sua impotência, às vezes, considera que isso é até uma violência contra a sua "personalidade". Transferindo para a criança as suas ideias subjetivas, representações sobre as crianças inculcadas nele pela classe exploradora, ele sonha com o desenvolvimento da personalidade dela, não vendo, não podendo entender que a criança é, antes de tudo, um ser social, e que seu trabalho e seus jogos são caracterizados por esses traços. Seus jogos são jogos coletivos.

Nos jardins de infância localizados em fábricas, onde carrinhos circulam pelo pátio, carros bufam nas redondezas, trens circulam, as crianças criam as construções mais complexas e interessantes no chão, com pedaços de madeira. Estações, pontos de descarga, trens em movimento, vagões circulando, tudo isso se reflete no jogo. Todo o piso é ocupado por blocos de madeira. Um jogo longo, interessante, cotidiano, que se repete e, claro, um jogo coletivo. E existem dezenas deles. Qualquer pré-escolar atencioso e experiente contará muitas coisas instrutivas sobre eles. Feriados? Quanto material temos aqui para educar habilidades coletivas, a capacidade de trabalhar juntos. E os jogos ao ar livre e até mesmo o autosserviço?[15] Que tal trabalhar na cidade, cuidar de canteiros de flores, dos animais, e assim por diante? Você só precisa gradualmente, passo a passo, ajudar as crianças nisso.

Assim, com base no trabalho, no jogo coletivo, cresce a auto--organização desde os primeiros anos. A cada ano, a criança se interessa mais e mais por aspectos específicos da vida econômica, pedagógica e social da vida da instituição infantil, seu trabalho se torna cada vez mais amplo e sério, e mais complexa torna-se sua vida social.

Tudo isso coloca para as crianças uma série de novas demandas e questões. Às vezes, o *descontentamento* aparece. Este é um *indicador* de que as crianças já superaram a forma atual e precisam de uma diferente. E o dever do professor é *entender isso a tempo*, mostrar uma perspectiva (ajudar a dar novos passos à frente), vir *ajudar* a tempo e, com tato, levar as crianças até o fim, de forma imperceptível e hábil, para os objetivos que elas ainda não dominam totalmente; uma meta para a qual elas caminham tateando, cometendo erros, perdendo-se de vez em quando, mas que deve ser clara para elas, viva, consciente, sem que importem os erros e as reformulações. O que faz mal é uma constituição ossificada introduzida de fora.

Em um processo de constante reestruturação – de suas vidas, da vida de um grupo, de um coletivo, de um orfanato –, as crianças começam a entender cada vez mais claramente que *nada fica parado no mesmo lugar, mas se desenvolve*, cresce,

---

[15] Trabalho socialmente necessário para a manutenção de si e do coletivo. (N. T.)

que o que antes era *adequado e necessário deixa* de sê-lo e, ao longo do tempo, deve ser substituído pelo novo; que esse novo, como o antigo, *não pode ser criado somente pelas forças de uma criança*, pois são muito limitadas e insuficientes, mas que pode ser alcançado pelas *forças do coletivo* e no processo de reestruturação, pelo reagrupamento constante de suas forças, elas mesmas, ainda que sem entender e sem perceber, se conhecem, pesam cuidadosamente as melhores combinações entre elas para atingir o objetivo traçado, buscam persistentemente os melhores métodos do trabalho coletivo, utilizam os hábitos de trabalho em equipe já adquiridos, suas habilidades organizacionais e todo o seu conhecimento e experiência.

À medida que as crianças crescem, seu círculo de atividades deve ser alargado, os limites da escola devem ser ultrapassados, as crianças devem ser introduzidas em uma vida mais ampla, devem ligar a sua organização infantil com organizações juvenis e outros movimentos sociais infantis, como o trabalho da União da Juventude Comunista Russa; devem sentir o pulsar da vida não só de uma escola, de uma cidade, mas de um país, do mundo; sentir e compreender a luta, conectar-se com organizações públicas e estatais, realizando trabalhos socialmente necessários.

Mas também aqui elas não são executoras passivas. Não. Aqui é apenas um ambiente mais amplo e complexo no qual elas testam as habilidades organizacionais adquiridas, a capacidade de trabalhar e viver coletivamente, desenvolvidas ao longo de vários anos anteriores, a capacidade de lutar persistente e obstinadamente para atingir o objetivo definido para elas pelo coletivo.

Bem, e quanto ao tribunal? Ele é necessário? Claro que não. Sem dúvida, haverá "más ações" e "delitos" de crianças, mas como tratá-los? Como avaliá-los, quem irá resolver as questões sobre sua admissibilidade e inadmissibilidade e as formas de sua eliminação? Elas são objeto de deliberação na *assembleia geral da comuna*. Nela, *inicialmente, são esclarecidas as condições que lhes deram origem*, e buscam-se as formas de eliminá-las *coletivamente*; apenas em segundo lugar, tendo como pano de fundo o primeiro, o papel do "culpado" bem como as formas de influenciá-lo são reveladas. Isso impede uma série de aspectos negativos que acontecem nos "tribunais infantis". Lá eles procuram "delitos", especializam-se em julgamentos, em interrogatórios com "vícios", e são uma forma de acertar contas pessoais, calúnias, provocações etc. *Eles corrompem o ambiente das crianças.*

Nossa tarefa é desenvolver um lutador e um construtor por intermédio da auto-organização, e não um oficial de justiça; em nosso tipo de auto-organização não há lugar para ele, e uma má conduta é um novo motivo para voltar aos pequenos defeitos no mecanismo da escola, eliminá-los e adquirir novos conhecimentos e habilidades para todas as crianças.

Porém, como a auto-organização deve ser planejada? Como começar a organizá-la?

Uma auto-organização mais ampla, é claro, pode ocorrer em um orfanato, em uma instituição onde as crianças passam não apenas de três a quatro horas, mas mais tempo, em que a economia do orfanato, o trabalho etc., coloquem uma série de tarefas urgentes imediatas para a criança; pode acontecer em um orfanato onde há mais crianças de idades maiores (de 11 e 12 anos), cerca de 100, 200 crianças, que não seja um lugar isolado como um mosteiro, mas conectado com a diversidade da vida – o que, aliás, é o objetivo da auto-organização.

Como ela poderia ser organizada aqui?

A forma mais elevada de auto-organização é uma assembleia geral de todos os membros da comuna. Ela escolhe entre os seus membros uma comissão organizadora (comissão de estudo ou de trabalho),¹⁶ seu órgão executivo supremo; delega certo número de crianças da sua composição ao conselho de escola, ouve os conflitos ocorridos na comuna e toma uma série de medidas e decisões. Aqui estão seus termos de referência.

O Comitê de Trabalho é o mais alto órgão executivo. É composto de cinco pessoas: o diretor da parte econômica (1), do internato (2), dos estudos (3), do trabalho científico-social (4) e o secretariado (5). Eis o conjunto de responsabilidades de cada um dos âmbitos de obrigações: 1) diretor do departamento econômico: organizar o trabalho da alimentação, da cozinha, do refeitório, do depósito de material, da iluminação, dos artigos de papelaria, da lenha, entre outros. Para isso, um grupo de crianças está à sua disposição. Ele mesmo fica no orfanato onde a auto-organização acaba de ser instituída, ou em casa de grande porte, ajudando como assistente do gerente administrativo; 2) diretor do internato: organizar a supervisão de quartos, vestiários, saneamento, lavanderia etc.; 3) diretor da parte dos estudos: inclui o registro da frequência às aulas em oficinas, salas de estudo etc. Cada grupo tem seu próprio líder de grupo, que mantém esse registro e o processa em determinados horários. Cada sala de estudo e oficina (ateliês) tem seus próprios assistentes e atendentes de laboratório permanentes (selecionados para um prazo determinado). Nas oficinas, as crianças trabalham em grupos.¹⁷ Cada grupo tem seu próprio líder, que mantém registros de todo o trabalho sob a direção

---

[16] Não importa como se chama essa comissão, desde que realize as tarefas indicadas para seu trabalho prático.

[17] Denominam-se em russo *artel*. Em sentido mais amplo, era usado na organização cooperativa da produção por área de atividade (consertos de equipamentos específicos, por exemplo) e, no caso educacional, consistia em agrupar os estudantes que atuam em um mesmo trabalho prático em oficinas da comuna, com base na responsabilidade comum. (N. T.)

do chefe da oficina; 4) diretor do trabalho científico-social: organizar o registro do trabalho nos círculos, comissão de biblioteca, comissão de redação, da organização de saraus e outros; 5) secretariado: manter as atas das reuniões, acompanhar a execução destas, comunicar-se com todas as instâncias e, por fim, contar com uma comissão de registro, para a qual fluem todas as informações necessárias.

Ele deve dispor dos seguintes dados: a) a composição das crianças (por gênero, idade, condição social etc.); b) da parte dos estudos; c) das oficinas; d) da fábrica; e) do autosserviço; f) registro do trabalho nos círculos, biblioteca etc. Esses materiais são trabalhados nas aulas e utilizados para comunicação externa da escola (relatórios etc.). Eles, então, na forma de comunicações, são submetidos à discussão do conselho de escola sempre que há uma dúvida sobre a avaliação do trabalho pedagógico.

No conselho de escola, é justamente *o membro do secretariado que deve assinalar* as realizações alcançadas durante um determinado período, tanto por cada membro da comuna (estudantes), quanto por toda a comuna, devendo revelar as razões das insuficiências. Não há nada de assustador se os professores tiverem que ouvir uma série de comentários desagradáveis sobre seu programa ser chato e desinteressante, que os métodos estão sem vida, e assim por diante; não há nada de errado com o fato de que, ao longo de vários meses, as crianças discutam ativamente os êxitos e as insuficiências de seus camaradas de grupo e da escola no conselho escolar. Para o professor isso traz uma grande quantidade de dados novos, desenvolve as crianças, torna-as mais atentas, observadoras, precisas em suas avaliações, faz que tenham consciência de que todo trabalho escolar de alto a baixo é feito por elas.

Depois da manifestação do secretariado, falam as crianças que desejarem, os funcionários da escola e aqui se formulam propostas – seja para ajudar um camarada, seja um desejo de modificar o curso etc. *Essa é a principal forma* de avaliar o trabalho escolar. É a principal tarefa do conselho escolar, mas não é a única. Nas suas reuniões, são ouvidos informes, examinam-se os planos para o programa, os próprios programas, vários tipos de questões econômicas e a recepção de novos estudantes, e nessa recepção, em primeiro lugar, devem tomar parte as crianças. Elas sabem que esse adolescente que chega é um futuro membro da comuna, que terão de conviver e trabalhar com ele lado a lado: estão, portanto, *interessadas* em saber se ele se adaptará à comuna escolar, não só em termos de conhecimento, mas também de habilidades, hábitos, direção etc.

É por isso que o primeiro informe sobre os novos candidatos é um relatório dos estudantes que foram instruídos a familiarizar-se com o novo candidato ao longo de vários dias. Essas são, basicamente, as responsabilidades do conselho escolar. Sua composição? Todos os professores, a comissão organizadora, representantes da assembleia geral, os funcionários técnicos, o secretariado da célula.

Qual é o papel e a tarefa da célula? A célula da União da Juventude Comunista Russa, como também a dos Pioneiros,[18] não goza de quaisquer privilégios na escola. Sua tarefa é envolver, se possível, todos os adolescentes na auto-organização, trazer para sua tarefa alguns camaradas mais enérgicos, desenvolvidos, corajosos, fortes e socialmente determinados, dentre todas as crianças do orfanato, mantendo incansavelmente o interesse de todos os adolescentes da comuna pelos problemas sociais e, acima de tudo, o interesse pela ardente vida atual, pela atualidade, rasgando o isolamento da comuna, da escola, inserindo-a em trabalhos social-

---

[18] Organização dos Pioneiros de Toda a Rússia – movimento que agrupava crianças na União Soviética. (N. T.)

mente necessários realizados a partir de instruções do Conselho e outras organizações estatais e sociais, e envolvendo-a no amplo movimento mundial de crianças, tornando assim tangível para ela (na forma disponível) o pulsar da vida mundial, puxando a escola para a produção,[19] para a classe trabalhadora, para a inserção da comuna no trabalho.

Assim, com a participação ativa da célula da União da Juventude Comunista Russa ou dos grupos de Pioneiros, deve-se desenvolver o segundo aspecto da auto-organização, pôr em prática a segunda tarefa: levar as crianças para fora dos muros do orfanato, inserindo a vida da escola na vida ampla, complexa e atual.

Não deveria mais haver uma escola isolada, separada da vida das outras escolas, sem qualquer vínculo com a atualidade. As escolas devem estar unidas entre si, devem estar *imbuídas* da atualidade e, nesse processo, a auto-organização deve desempenhar um dos primeiros papéis.

No entanto, a auto-organização ainda está longe de estar em todos os lugares. A esmagadora maioria das escolas não tem a auto-organização e em uma escola pública a criança passa de três a cinco horas. Como começar, então, a construir a auto-organização?

Aqui está uma pergunta preocupante. Em cada tipo de instituição juvenil teremos que começar de um ponto diferente, e até dentro de um mesmo tipo de instituição, na dependência de vários motivos, não iniciaremos pelo mesmo ponto de partida. Vamos ver o caso do orfanato.[20]

---

[19] No sentido de envolver-se com as forças produtivas da sociedade, na época marcada fortemente pela produção fabril. (N. T.)
[20] *Детдом* em russo, ou casa para crianças sem pais.

Em um orfanato é mais fácil planejar a auto-organização, uma vez que há pelo menos uma pequena gleba de terra nele, e isso requer uma divisão de trabalho. Criam-se as comissões específicas, primeiramente a de administração, a da limpeza dos quartos e depois outras. Além disso, as crianças vivem no orfanato, passam o dia todo ali, há lazer, e ele deve ser organizado de forma habilidosa e correta com uma série de novas comissões. Eu diria que em todo orfanato há um início de auto-organização. A questão é habilmente desenvolvê-la. E para isso é necessário ligar-se aos grupos dos Pioneiros, é necessário formar uma célula da União da Juventude Comunista, ligar-se organicamente aos orfanatos vizinhos, ao bairro, realizando trabalhos socialmente necessários.

Em uma escola, porém, o desenvolvimento da auto-organização é muito mais difícil, especialmente nos dois primeiros grupos. Porém, também pode ser feita muita coisa. Você provavelmente pode começar com a auto-organização baseada nas turmas. Na auto-organização deve-se incluir plantões, decoração da aula, registros de frequência, exame dos motivos de ausência, elaboração de gráficos elementares (doentes, saúde, dias ausentes, tipos de doença e outros).

No entanto, também nesses grupos deve-se desenvolver um trabalho que conecte as crianças a outros grupos. Cuidar das áreas comuns (sala, corredor, pátio etc.). Se os estudantes mais velhos dos grupos nas oficinas ou os de plantões executam esse trabalho, então *todo* o primeiro ou *todo* o segundo grupo assume essa responsabilidade uma ou duas vezes por semana.

As crianças mais novas se orgulham de fazer o trabalho do qual *toda* a escola precisa; as crianças mais velhas se acostumam a avaliar os mais novos de forma diferente daquela que avaliavam antes da introdução desse tipo de auto-organização. Entretanto, esse não é o *único* trabalho comum: eles devem participar (mas não isoladamente) na exposição geral da escola, no trabalho da biblioteca escolar etc.

Em alguns lugares, especialmente na província de Kaluga,[21] conseguiram, na escola rural, implantar a auto-organização, usando a tributação em benefício da escola. "Nossa escola é suja, desconfortável, fria e vocês mesmos têm que cuidar dela, o trabalho é grande". E as comissões, então, foram criadas; a vida começou a ferver.

Os rapazes lembram aos pais (seus e de outros) sobre a necessidade de trazer lenha, anotar quem trouxe e quanto, anotar as despesas, quem e quando deve trazer mais, organizar saraus para a aldeia por uma taxa, eventos para outras aldeias, arrecadar dinheiro alugando as instalações para uma escola de dança, com esse dinheiro comprar material de ensino, livros, doá-los, recomendá-los a camaradas (em alguns lugares eles os encadernam); uma cooperativa de crianças está crescendo gradualmente em alguns lugares, abrangendo mais de uma escola. As crianças são sócias dela. O trabalho fica mais complicado, se expande e torna-se viável apenas para crianças mais velhas.

Com estas, em geral, você pode iniciar a auto-organização na escola ou com a Organização dos Pioneiros, a União da Juventude Comunista, com uma cooperativa ou mesmo com os círculos.[22] Mas esse trabalho nos círculos não deve ser apenas teórico, deve ser mais próximo da vida prática, introduzindo a criança na vida. Muitos desses círculos podem ser propostos. É preciso levar em conta a situação, ouvir os interesses das crianças.

---

[21] T. Malinina trabalha em condições muito difíceis. Ela tem mais de 100 crianças, trabalha sozinha na escola com três grupos e uma biblioteca.

[22] Grupos de estudantes que se reuniam para estudar temáticas livres e de seu interesse. (N. T.)

Elas falam sobre tecnologia – então, uma oficina de aviação ou eletrificação. "Nossa escola deve ser eletrificada". Fiação elétrica da campainha, conserto da eletricidade, e assim por diante; nosso círculo deve ajudar a eletrificar os quartos dos camaradas, estudar a eletrificação do bairro, participar da semana de eletrificação, estabelecer relações com o conselho distrital etc. Círculo de saneamento. As instalações devem estar sempre bem ventiladas; a tarefa do círculo é levar em conta a incidência de doenças das crianças de *toda* a escola (diagramas, exposições etc.), *descobrir* os motivos, lutar contra eles, conversar sobre esse assunto com o médico, com sua participação conversar com os pais, pesquisar o bairro, certificar-se de que todas as crianças vão limpas para a escola (conversar com os pais, com as crianças, organização da supervisão), fazer pesquisa do bairro. O círculo se comunica com as organizações relevantes: Conselho, comitê local e outras.

Seus membros estão sempre asseados, usam roupas higiênicas, participam ativamente da realização da semana, criam informativos sobre ela para a escola, fazem campanha nela e no bairro, organizam ajuda etc. Talvez até realizem tarefas domésticas para a escola: consertos, aquecimento, iluminação etc., decorrentes das exigências de higiene social, e aqui trabalham em conjunto com outros círculos, círculos administrativos ou de melhorias.

A escola deve deixar de ser um antigo quartel. Limpeza, beleza, conforto e adequação – este é o lema inicial. Há um trabalho a ser feito. A escola não está isolada, ela faz parte de um único todo: o cuidado é com as várias escolas, com o bairro. A ideia é clara. Assim, pode-se criar muitos desses círculos. Os exemplos dados são suficientes.

É importante apenas que o professor estimule o avanço no tempo certo, sugira, desenvolva novas perspectivas, caso contrário os círculos degenerarão, definharão. "Você não acha que o seu trabalho interessa a toda a escola e que o informe sobre ele, a ser feito na assembleia geral, recrutará mais membros novos?", "Claro que sim".

Na assembleia geral, se os próprios rapazes não apresentarem propostas, é necessário alertá-los para o seguinte:

> Temos vários círculos. Alguns de vocês podem pertencer a dois ou três círculos, e não sabem quando cada um se reunirá; além disso, eles podem se reunir no mesmo dia e hora: não deveríamos escolher uma presidência que regulasse tudo isso de forma que todos ficassem informados sobre todos os círculos etc.? Assim, pode surgir um *secretariado* permanente.

Existem outras organizações infantis trabalhando nessa questão? Não deveríamos contatá-los? Existem muitas abordagens; você só precisa saber usá-las no tempo certo, para sugerir uma ideia útil e viável.

Uma cooperativa infantil, um museu escolar, uma exposição, uma biblioteca, um museu da região local, um trabalho com o campesinato, uma escola para analfabetos, uma pesquisa no bairro (segundo as instruções do Conselho), escolas, orfanatos, leituras dominicais da escola – tudo pode servir de ponto de partida, mas não se deve começar com algo muito complexo, pois deve ser próximo, interessante, *praticamente necessário*, com tanto que seja avaliado pelo entorno como sério (quanto mais velho o grupo, mais você precisa levar em consideração, ter isso em conta).

Portanto, em todas as escolas, em qualquer grau, em qualquer idade, a auto-organização pode ser introduzida, mas desde o início e a qualquer momento deve ser claramente lembrado que seu objetivo é desenvolver habilidades organizacionais, hábitos de vida e trabalho coletivo; desenvolver a persistência na obtenção dos objetivos colocados pelo coletivo, a capacidade de compreender as pessoas, de agrupá-las corretamente de forma a atingir o objetivo de introduzir gradativamente as crianças na construção da vida, de incluí-las na vida mundial, na vida dos adultos como lutadoras pelos ideais da classe trabalhadora.

IV. SOBRE OS OBJETIVOS DO TRABALHO

Em relação ao conceito de 'escola do trabalho', nossas opiniões ainda hoje divergem fortemente; nosso tempo, aparentemente, ainda não está em condições de expressar a essência da escola do trabalho em uma fórmula clara e concisa. Na verdade, talvez a expressão 'escola do trabalho' tenha sido mal escolhida.

Assim Sharrelman começa o seu livro, intitulado por ele, não obstante, de *Escola do trabalho*.

Entendo por escola do trabalho aquela reforma – ainda escreve ele – na qual 1) o professor forma, juntamente com os seus estudantes, uma comunidade mais íntima, baseada na confiança e entendimento recíprocos; 2) onde, no trabalho comum (de acordo com a maioria das vozes das crianças e com a colaboração do professor) eles se esforçam para ampliar objetivos selecionados independentemente por caminhos escolhidos independentemente; 3) onde as mais importantes tarefas do professor são o incentivo, o estabelecimento e a constante união das forças dispersas das crianças em tarefas comuns; 4) onde o interesse vivo das crianças é o ponto de partida para todas as medidas pedagógicas e didáticas; 5) onde se coloca a tarefa de elevar as forças criativas da criança em primeiro lugar, graças ao que, indireta e simultaneamente, se desenvolvem também todas suas outras forças; 6) onde a forma mais importante de aprendizagem é a *conversa* livre e desenvolta, a qual, como acontece em uma conversa entre pessoas educadas, permite todas as observações e aprecia o mérito de quaisquer informações valiosas; 7) onde os objetivos morais e didáticos finais encontram-se nas mãos do professor e são sua *tarefa específica*, sobre a qual ele é obrigado a responder apenas às organizações dos pais, mas que é *cuidadosamente escondida ante os estudantes*; 8) onde, no entanto, o estudante está convencido de que todos os fios do ensino estão em suas próprias mãos; 9) onde todos os castigos e proibições do professor são substituídos por leis, editadas autonomamente, tendo força para serem postas em uso na classe; 10) onde de acordo com o método indutivo do pensamento e sentimento infantil, o professor procura eliminar quaisquer generalizações, ideias gerais, abstrações, com o objetivo de proteger as crianças de generalizações demasiadamente prematuras e, em vez disso, busca ampliar e aprofundar as bases concretas da visão de mundo infantil; 11) onde o professor se esforça por valorizar altamente, em todas as disciplinas, o princípio da tolerância e não faz propaganda, nem confessional, devido ao amor à religião, nem partidária ou filosófica, devido ao seu amor à verdade científica; 12) onde as disciplinas habituais da escola ficam mais e mais dissolvidas em um ensino integral; 13) onde todas as atividades manuais desempenham papel apenas na medida em que são necessárias e úteis para aprofundar e resolver os problemas espirituais; 14) onde os estudantes recebem uma educação razoável para fazer uso das ferramentas de nossa cultura; 15) onde o ensino episódico desempenha um papel muito maior do que qualquer ensino sistemático, e outros do mesmo tipo.[1]

    Está claro, portanto, que a questão é a *reforma* da escola nos limites da sociedade burguesa; nem mesmo é colocada a questão de saber se a escola do trabalho é viável nessas condições, ou se ela só pode ter lugar na república do trabalho; e, mais do que

---

[1] Cf. Sharrelman, G. *Escola do trabalho*, Moscou, 1918, p. 3-4.

isso, em nome do amor à "verdade científica", não é permitido falar que a religião é um absurdo, uma maneira de manter o povo submisso, enganado; em nome da "verdade científica", não é permitido falar sobre como libertar as pessoas do jugo do capital, não é permitido fazer propaganda partidária; pior ainda, em prol da "verdade científica", em nome do princípio da tolerância, *admite-se* a propaganda a favor da burguesia, já que a *própria recusa* em promover a visão de mundo do proletariado, a recusa da luta contra a tolice religiosa, *já é propaganda*, sem falar de toda a situação em que se encontra a criança sob a ideologia pela qual ela é contagiada imperceptivelmente nesta "sociedade democrática" devidamente organizada, para não mencionar todo o sistema de educação.

Não seria verdade que, em áreas contaminadas com cólera ou peste, a recusa de vacinação contra essas doenças traz perigo quase que certo? E não estaria claro que, para um organismo resistir à infecção na sociedade burguesa, seria necessário tomar uma série de medidas de proteção, como estudar a própria doença, os meios de tratamento, as formas de lidar com ela e de destruí-la, isto é, instrumentalizar a juventude com uma visão clara da filosofia proletária? (Qualquer neutralidade em situação de guerra ajudará ao mais forte). E é precisamente isso que, em nome da "verdade científica", Sharrelman não permite. Seria melhor denominar o lucro do burguês de "verdade científica".

Consciente ou inconscientemente, Sharrelman serve à burguesia. Para ele não está claro por que o nosso tempo, aparentemente, "não é capaz de expressar a essência da escola do trabalho"; ele nem sequer tenta colocar essa questão com a profundidade necessária, esse fato "e outros do mesmo tipo" – frase com que termina a lista de itens cuja principal tarefa é revelar o conteúdo da escola do trabalho, e que mostra com clareza incrível a total insegurança de Sharrelman para dar uma resposta clara e precisa à questão colocada.

Não é de admirar, portanto, aquelas numerosas contradições e indícios aleatórios sem importância que ele considera característicos da escola do trabalho, e que poderiam, com igual direito, ter lugar em outros tipos de escolas. Ele não entendeu, não conseguiu entender, com que inevitabilidade a era do imperialismo constitui-se no limiar da sociedade socialista, como a última surge inevitavelmente a partir da primeira, como a escola do trabalho do imperialismo é o produto de seu tempo. Ele não entendeu o papel e a importância do trabalho; fala simplesmente de "atividades manuais que desempenham um papel apenas na medida são necessárias e úteis para aprofundar e resolver as questões espirituais".

Desta forma, no seu entender, o papel do trabalho é um papel nitidamente subordinado. Mas, para ele, o conteúdo da escola do trabalho não se limita à introdução do trabalho manual. Ele acha que é necessário alterar a relação entre professor e estudante, modificar os métodos de ensino, aproximar o ensino da vida – e até fala várias vezes sobre o "ensino da física nas máquinas".

Mas por que só da física, e não das ciências sociais, por exemplo? Por que ele toma uma máquina *isolada*, mas não uma fábrica, uma empresa industrial, por que essas e não outras características fazem parte da definição do conteúdo do conceito de "escola do trabalho"? Existiria uma ligação necessária entre elas ou estão combinadas acidentalmente? Sharrelman não possui a *fundamentação dessa ligação*.

Para ele, aparentemente, está clara a inadequação da velha escola, a sua influência desastrosa sobre as crianças, a falsa posição do magistério, e ele procura uma maneira de sair desta situação pegando detalhes específicos que possam melhorar a situação. Tentando trazê-los para a vida, procura colorir o escuro dia a dia da escola com seu talento brilhante, com sua imaginação criativa, procurando paralisar o disciplinamento, eliminar a parte morta. Mas ele não sabe *por que* a escola necessariamente muda, qual é o seu caminho futuro, ele não entende que seus ideais escolares são irrealizáveis na sociedade contemporânea. E não importa o quão ansioso esteja para implementar seus ideais e quanto a sociedade burguesa o impeça, ele não tenta romper com ela.

Para Gansberg, que fica próximo disso, mas em muitos aspectos vai além de Sharrelman:

> Vivemos em uma era de máquinas. Que fenômeno complexo constitui qualquer máquina em si, perto da qual diariamente passamos com indiferença ou a observamos como uma coisa para nós incompreensível. Uma máquina é a mente humana em uma forma concentrada e condensada. Portanto, uma máquina pode fornecer assunto para todos os oito anos de escola. Será que não é suficiente *alguma parte* de uma máquina para desenvolver toda a física prática, por exemplo, a roda excêntrica, uma engrenagem e a transmissão de todos os tipos de forças? Por que fechamos para nós mesmos essas fontes?[2]

Assim pergunta Gansberg e nunca responde a essa pergunta, embora compreenda perfeitamente que:

> A técnica tem condicionado o próprio progresso da espiritualização do trabalho humano. Ela deixou sua marca na nossa era, tem dado formas ao movimento das pessoas e das mercadorias que antes teriam parecido fantásticas e impraticáveis. Ela prestou serviços inestimáveis também à ciência pela invenção de instrumentos especiais. Não foi por acaso que a nossa época foi chamada de era das máquinas. Em breve as máquinas estarão

---

[2] Gansberg. *Escola do trabalho*, p. 55.

em cada casa, em cada fazenda. O homem moderno deve saber pensar tecnicamente.³

Assim, a era moderna, do imperialismo, coloca a sua marca brilhante também sobre Gansberg; ele canta hinos à máquina, usa cada oportunidade para indicar como muito material educativo pode ser extraído de cada oficina, como é útil e necessário combinar o trabalho intelectual e físico.

Oficinas de reparo em ferrovias e estaleiros, mesmo uma loja de simples serralheiro ou relojoeiro, constituem-se em ampla gama de pesquisa, uma inesgotável plenitude de tarefas e, à semelhança dos laboratórios, podem se tornar um lugar de trabalho científico: toda a questão reside em que tipo de inteligência orienta o trabalho.⁴

E, ainda assim, quando tem que responder à pergunta sobre o significado do trabalho educativo na escola, ele vê que consiste "em inteirar o estudante da herança espiritual comum do seu povo, inclusive com livros".

Ele considera, apesar de tudo, que "na escola do futuro o lugar central será ocupado pela sala de aula com a sua cátedra, bancos e estantes, com as mesmas paredes nuas",⁵ e o lugar de trabalho, o seu significado e importância apresentam-se nos seguintes termos: "para o *desenvolvimento das mãos*, em cada escola deve-se ter uma oficina com várias ferramentas, instrumentos, materiais",⁶ mas essa escola deve viver a vida plena, ser uma escola do trabalho produtivo. A realidade é a matéria principal para o seu estudo, nela existe auto-organização, nela não estão fechadas as janelas para a penetração da influência partidária

---

[3] *Id.*, *Pedagogia*, p. 190.
[4] *Ibid.*, p. 15.
[5] *Ibid.*, p. 36.
[6] *Ibid.*, p. 192.

e da propaganda. Gansberg acredita que as crianças vivem na atualidade, no meio que as cerca: "eles não querem mais nada, na verdade, do que entender o que as rodeia".[7] Não é uma escola do trabalho, mas uma escola do "trabalho produtivo".

Mas nesta atualidade não se estuda a luta de classes, não se esclarecem as principais leis do desenvolvimento da sociedade humana; nesta atualidade não se estuda o trabalho em toda sua diversidade e complexidade, o seu papel. Então, o que resta da atualidade? Retalhos? Pedaços? Nela sonham e deliram, mas não aprendem a lutar, nem a construir, nela mais idealizam do que aprendem e avaliam. Ali se conhecem os golpes da vida; clara e fortemente se compreendem os aspectos negativos da sociedade burguesa, rosnam, irritam-se com eles, ameaçam mudar e reconstruir. À espera de uma futura sociedade, sonham com isso, e esses sonhos e a descoberta dos aspectos negativos da sociedade burguesa são um instante que desperta, que revoluciona, mas não há nenhum chamado para a luta, não se especificam os métodos, não tentam se juntar à classe que luta pelo futuro. Aqui o trabalho é ocasional, e o seu lugar na escola também. Não há nenhuma conexão forte e organizada com a classe trabalhadora, classe de construtores, não há conhecimento da sua ideologia, compreensão de seu significado.

Como é que nestas condições pode ser adequadamente resolvida a questão do papel, do lugar, da significação do trabalho na escola? Não há nitidez, definição nas linhas. Na sua pedagogia, como Sharrelman, Gansberg está cheio de uma série de contradições. Afirmando, negam; negando, afirmam. São pêndulos, oscilam constantemente, de modo que, depois de terem parado por um momento, recomeçam o movimento oscilatório. Mas as suas raízes estão na sociedade burguesa, e no momento decisivo

---

[7] *Ibid.*, p. 79.

dar-lhe-ão a preferência e, em silêncio, choramingando e reclamando, irão defender furiosamente as suas bases.

Mas há também os inabaláveis, decididos, inveterados. Eles estão inteiramente à mercê dos encantos da sociedade burguesa; escravos obedientes, procuram as melhores maneiras para agradar ao seu mestre. Tal é G. Kerschensteiner, com seu sistema pedagógico. E se ele também resmunga é só porque vê como as ações inábeis minam o sistema, os fundamentos; se ele também critica é para preservar as características básicas do que existe. Então, por que ele se considera o "fundador da escola do trabalho"? Para que e qual escola do trabalho é necessária a esse partido político, a tal tendência pedagógica que ele representa? Ele tem os seus próprios cálculos, os seus próprios objetivos. Ele constrói uma escola do trabalho "para filhos de operários e camponeses das classes mais baixas", como ele os chama; para aqueles a cujos pais e mães "os empregadores os veem apenas como animais de carga, e tratam-nos como tal"; ele constrói na esperança de que "as classes superiores vão permanecer sempre como educadoras do povo", que "a situação existente" (ou seja, a monarquia) *"nunca* vai mudar suas características essenciais", e isso determina o conteúdo, o volume, o lugar e o papel do trabalho na escola.

Esta é uma escola profissional, e o trabalho nela é, antes de tudo, uma *disciplina* de ensino. "Usando uma expressão bem conhecida do público" – diz Kerschensteiner – "eu posso dizer assim: na escola popular bem organizada, o ensino do trabalho manual deve ser *restrito* à sua *matéria de ensino*.[8] Esse ensino do trabalho manual, sendo disciplina especial, não irá macular a escola popular, mas será a *sua suprema benção*".[9]

---

[8] Destaques de Kerschensteiner.
[9] Kerschensteiner, *Obras selecionadas*. Editado por Rubinstein, p. 131.

"O ensino profissional é a *primeira* tarefa da escola popular" – escreve ele –, "mas ainda há mais duas tarefas: 2) a tarefa de dar um caráter *moral* à educação profissional e 3) dar um caráter moral às formas de convivência social, as quais servem para trabalhar na profissão".[10] Parece-lhe que estas *últimas duas tarefas* são melhor realizadas na escola do trabalho: "onde, dentre os professores, reine na escola o espírito de ofício; lá os estudantes *não irão facilmente* ligar-se a comunidades de trabalho fora da escola e, se eles o fizerem, então, tais comunidades de trabalho muitas vezes carecerão da influência de forças de caráter moral".[11]

Com a implementação do princípio da comunidade de trabalho na escola, penetra *uma das forças mais influentes* do aperfeiçoamento moral da educação profissional de nossos estudantes, mas, além disso, desenvolve-se também toda uma série de qualidades valiosas que, de outra forma, mal teriam encontrado o seu alimento em assuntos regulares da escola.[12]

Todos esses raciocínios bastante vagos revelam-se bastante simples: "É claro que um simples exercício de trabalho coletivo ainda não é uma garantia contra as tentações existentes do egoísmo *corporativo*, que pelo menos é tão perigoso para o Estado quanto o egoísmo individual".[13]

Mas o que é esse egoísmo corporativo descrito por Kerschensteiner, por que é tão perigoso para o Estado, por que tão persistentemente é preciso buscar garantias contra a possibilidade de "contagiar-se por ele"? A resposta está clara até a transparência: é a ideologia, a filosofia da classe trabalhadora. Kerschensteiner luta para que ela, a ideologia da classe operária, não "conta-

---

[10] *Ibid.*, p. 127.
[11] *Ibid.*, p. 138.
[12] *Ibid.*, p. 139.
[13] *Ibid.*, p. 139.

mine" aqueles que prepara para ser "burros de carga" e pensa que a *escola* do trabalho é a melhor maneira para resolver esse problema em benefício da burguesia. Mas, para isso, é necessário construí-la corretamente, e isso significa que "*não é ensino cívico, mas formação cívica, não é adquirindo conhecimento*, mas adquirindo *habilidades da virtude*". Ou, como ele mesmo diz em outro lugar, fazendo um balanço:

> O primeiro objetivo da educação da juventude que é *formada* na escola popular é a educação da capacidade de atuar profissionalmente e o amor ao trabalho, mas, junto com elas, também, aquelas virtudes elementares que levam, como consequência imediata, à eficiência e ao amor ao trabalho: integridade, diligência, persistência, senso de responsabilidade, autocontrole e dedicação à sua vida ativa. [...] E assim, um trabalho alegre e honesto, levando determinadas condutas à *condição* de hábito.[14]

O leitor pode facilmente imaginar por si mesmo qual é esse tipo de conduta: "nela está ausente o egoísmo corporativo", e isso Kerschensteiner chama de educação do caráter. "O sentido da escola do trabalho" – diz ele – "consiste em, com um mínimo de material científico, revelar o *máximo* de habilidades, capacidade e alegria no trabalho, a serviço do modo de pensar cívico."[15] Já vimos o que significa estar a serviço do modo de pensar cívico.

Desta forma, a escola do trabalho é a escola para as classes mais baixas; é a escola profissional, e nela o trabalho é uma disciplina de ensino; além disso, é escola de artesão, e a sua tarefa é criar um artesão obediente e que conheça a sua tarefa. Na pedagogia de Kerschensteiner não há um claro reflexo da época do maquinismo, do imperialismo, e isso se explica por

---

[14] *Id. Obras selecionadas*, p. 44.
[15] *Ibid.*, p. 160.

uma série de razões.[16] Neste sentido, ela é, para a Alemanha, o passado.

Assim, Kerschensteiner sugere resolver o problema apenas em relação às escolas para filhos de operários e camponeses. Para as escolas que ensinam os filhos da aristocracia financeira e quaisquer outras, ele não propõe o trabalho como uma matéria de ensino. Lá seu objetivo é bem diferente:

> Aqui, na organização de instituições de ensino (sem contar os exercícios puramente físicos no interesse de um estilo de vida saudável), não vejo qualquer necessidade do trabalho manual. Eu mesmo posso imaginar também escolas operárias bem organizadas que não conheçam nenhum trabalho manual em quaisquer oficinas específicas, ou pelo menos fora desta, ligadas com alguma forma de ensino.[17]

Para essa escola, ele predestina os que precisam estar preparados para o "trabalho espiritual". Poderíamos corretamente chamá-la de *escola operária ou escola do trabalho*? É claro que não.

Mas Kerschensteiner não está sozinho em suas exigências *diferentes* para o trabalho em uma escola da classe explorada e para o trabalho na outra escola da classe dirigente. Elas são apenas consequências de diferentes objetivos postos pelo poder estatal, pela classe dirigente, pela burguesia, para diferentes tipos de escolas. Mas esses objetivos são os mesmos em todos os países burgueses do mundo, em toda parte, nas melhores "escolas novas do trabalho" que preparam as crianças das classes dominantes, em todos os lugares.

Nestas variadas *Landerziehungsheim*, o trabalho, *antes de tudo*, é uma forma de desenvolvimento físico e de educação. É verdade que existem oficinas e trabalho agrícola, mas isso não

---

[16] Ver o artigo de M. V. Krupenina.
[17] Kerschensteiner. *Op. cit.*, p. 131.

muda o cenário: elas servem preferencialmente a esses objetivos. "O esporte como um exercício físico a serviço da educação, no entanto, necessita de *complemento*, e este é o *trabalho*" – escreve Frey precisamente no capítulo "A educação física", em *Landerziehungsheim*.[18] E isso é compreensível e não pode ser de outra forma; afinal, pelo pressuposto dos pais, os seus filhos e filhas vão comandar, governar, e não trabalhar na marcenaria, na lavoura ou em fábricas. Para que, então, dar-lhes, neste caso, conhecimento de hábitos profissionais, grande quantidade de habilidades no campo do trabalho manual, do trabalho físico? A burguesia do mundo até os últimos dias afastou de si a ideia de que os seus filhos e filhas irão viver em condições diferentes. Acredita ainda que seu poder é forte, mas pode ser que, sob a influência da Revolução Russa, essa confiança tenha sido abalada e vamos testemunhar como a burguesia (parte dela) irá pôr-se a preparar os filhos, contando com a possibilidade de outro modo de vida; afinal, já houve tais precedentes no passado, pois não é segredo que antes da grande Revolução Francesa uma parte da aristocracia dera aos filhos, "por via das dúvidas", uma educação de artesão: "pode ser que seja útil" – e para alguns foi. Mas, por enquanto, não é claramente patente uma tendência nessa direção, e de forma geral continua a prevalecer a ideia do trabalho como um instrumento da educação física; e se intelectual, o principal sentido do assim chamado trabalho manual é, no fundo, o da escola ilustrativa.

E, sem dúvida, o seu representante mais proeminente é Lai. "Não é escola do trabalho, mas escola da ação", diz ele. Mas o que significa isso, o que Lai entende pela palavra "ação"?

---

[18] Frey. *Colégios rurais*, p. 46; Frey, *Nova educação*, p. 150.

> A ação abrange *todas* as formas de atividades, *todas* as formas de reação, e a escola do futuro deve contar com todas as formas de reação e, ao superar o ensino passivo, imóvel, verbal, colocar em seu lugar a ação; portanto, a melhor denominação para a escola do futuro será escola da ação. O trabalho é feito também pelas forças não orgânicas: rios, vento e vapor. Enquanto o agir exige a *alma,* a ação envolve um ser vivo capaz de perceber estímulos e reagir a eles pelo movimento ou inibição do movimento. A ação, neste caso, significa o mesmo que reação: a unidade da causa com a ação de resposta.

E adiante ele escreve:

> O conteúdo principal do princípio pedagógico é a reação, como a unidade do efeito e da expressão, estimulação e movimento (inibição); a reação, sendo básica, não é passível de uma análise mais aprofundada do processo, a reação é o fenômeno elementar da vida. Portanto, a escola da ação é a escola de vida. Como ponto de partida e objetivo do ensino, não queremos nem o livro, nem a palavra, nem tão somente um interesse, um caráter, um trabalho ou qualquer coisa semelhante, mas a *vida, a vida plena,* com a sua diversidade harmoniosa de reações.[19]

Mas o que é essa vida plena? Como Lai a compreende? Que lugar joga nela a luta de classes, o trabalho, em que ele vê seus aspectos básicos? Quais são os principais fatores fundamentais do desenvolvimento da sociedade humana para Lai? Como ele torna essa vida plena um patrimônio da criança? Ele estuda com ela a fábrica, a indústria, uma manifestação política, uma greve, a história do movimento revolucionário, lê um jornal, introduz a criança na construção da vida?

Eis o seu ponto de vista: para compreender os processos históricos, é necessário habituar-se pelo menos com alguma observação psicológica mais simples: por exemplo, para a

---
[19] Lai. *Escola da ação,* p. 53.

compreensão de qualquer *revolução*, é preciso compreender os "líderes" nos jogos, compreender as conspirações e rebeliões, a legislação local nas escolas, nos jogos etc.

No ensino da História, a fala deve ser não apenas sobre coroação de personalidades, generais e pessoas do governo, mas também sobre pesquisadores, pedagogos, artistas e figuras de destaque no campo da indústria, agricultura e das relações comerciais. Sobre suas aspirações, sofrimentos e lutas e sobre o significado delas para a sociedade.[20]

E onde estão os *principais* fatores do desenvolvimento da sociedade humana? Eles estão ausentes, são descartados, e isso é chamado de plenitude. No entanto, ele entende essa plenitude, provavelmente, de modo um pouco diferente.

Adquiridos na vida social, manifestados e aprofundados pelo ensino ético, os motivos morais podem encontrar para si mesmos poderoso apoio nos sentidos estéticos e, especialmente, nas concepções religiosas sobre Deus, vida eterna, sobre recompensa depois da morte; pois todos os conceitos e sentimentos da nossa consciência, como uma espécie de um todo orgânico, estão em interação.[21]

É perfeitamente claro e explícito:

Semelhante a toda concepção de mundo, seja o materialismo, o espiritualismo, o pessimismo etc., a doutrina da *evolução em suas últimas premissas deverá voltar-se para a fé*.[22] Dessa forma, há lugar para a fé de que a ligação indissolúvel de causa e efeito na ação das forças físicas e químicas e a correspondente ligação e dissociação dos átomos foi destinada, *desde o início*, a atingir *objetivos superiores últimos*; para a fé de que o desenvolvimento para o mais elevado e melhor, em

---

[20] *Ibid.*, p. 150.
[21] *Ibid.*, p. 156.
[22] Destaque meu, V. N. Shulgin.

última análise, é realizado de acordo com um plano, que é o cumprimento dos objetivos postos por alguém, e que Deus criou o mundo. E a fé cristã ensina que o sentido último e mais elevado do planeta é revelado apenas com fé pessoal em Deus. O cristianismo não necessita, portanto, negar a teoria da evolução, ou lutar contra ela, mas pode compreender e assimilá-la.[23]

Assim, a reconciliação entre ciências naturais e religião é alcançada, e nisto talvez consista a plenitude da vida.

Bem, mas como fica a questão do trabalho, qual é o seu lugar na escola, qual é seu propósito?

Se começarmos a considerar o estudante como um membro do ambiente da vida que o afeta e ao qual ele também, por sua vez, afeta, então, o trabalho manual, como uma representação material, será definido por nós na sua essência pedagógica, juntamente com *outras formas de atividade visual*, e assim será resolvido ampla e plenamente a fundo o problema do 'ensino para o trabalho'.[24]

Desta maneira, por trabalho manual Lai entende a escultura de areia, de argila, o cuidado de plantas e animais, o trabalho com ajuda de instrumentos, com madeira, papel, o trabalho de tecido e de algodão.

O trabalho manual é um princípio do ensino, mas não uma disciplina separada; ele constitui-se no elo necessário de fechamento do processo biológico da reação.

Nós transferimos o artesanato puro da educação escolar para a escola especial e limitamos o ensino de ofícios à capacidade de lidar com ferramentas *que existem em cada família, em cada caixa de ferramentas.*[25]

---

[23] Lai. *Escola da ação*, p. 164.
[24] *Ibid.*, p. 172.
[25] *Ibid.*, p. 171.

Como se pode ver, as exigências não são muito grandes. A esse mínimo é levado o "trabalho" na "escola da ação" de Lai. Não há o estudo do trabalho, do seu lugar, do seu papel no desenvolvimento da sociedade humana, nem das questões de sua organização, nem da luta de classes; nem os dois momentos definidos, os dois eixos principais da vida plena são estudados na escola da ação – eles são rejeitados, descartados. E nem para os elementos do trabalho, nem para a classe operária, nem para o estudo da sua ideologia é dirigida a atenção da "escola da ação", essa "síntese orgânica de todas as tentativas reformistas", mas sim, para a reconciliação entre a religião e as ciências naturais, para a falsificação das ciências sociais e de outras disciplinas científicas, para a introdução na gestão da escola de representantes do Estado e da *Igreja*,[26] e, juntamente com isso, para a vivificação do trabalho escolar pelo caminho da introdução do trabalho manual. Será que é preciso acrescentar mais alguns traços a esse cenário que já é claro e colorido, evidente em sua clareza?

Mas, na mesma década, embora em outro lado do oceano, foi apresentado o sistema pedagógico de Dewey. Ele nasceu na aurora do imperialismo, cresceu junto com ele, é sangue do próprio sangue e osso do seu próprio osso. Nele, por isso, inevitavelmente, em forma muito forte, aparecem as contradições tão características desse momento; nele são mais perceptíveis que em qualquer outro lugar, e por isso os germes emergentes do futuro são rompidos, cortados, destruídos, distorcidos pela burguesia, que receia o dia de amanhã, o futuro.

Ela é tão definida e viva, essa pedagogia do imperialismo, que não há quaisquer dúvidas de qual *necessidade* a despertou para a vida, a quem ela serve. Os seus autores não consideram

---

[26] *Ibid.*, p. 213.

possível dissimular isso. Assim escreveu Charles Charlton ainda antes da revolução, antes da guerra:

> Se quisermos *manter* nossa posição atual entre as nações as nossas massas populares devem se distinguir, como operários, pela sua grande habilidade, visto que teremos que nos encontrar em primeiro lugar no mercado mundial, e depois também em nossa própria casa, com produtos fabricados na Alemanha e no Japão, nações modernas cada vez mais desenvolvidas, nações que se distinguem pela abundância de trabalho qualificado e enérgico. Não podemos competir com eles com matérias-primas e baixo custo de vida, já que uma e outra são coisas nos Estados Unidos que fazem parte do passado. Podemos competir com eles somente pela grande habilidade e melhor ensino das massas de operários norte-americanos. Mas será que isso nós já temos? O banco de carpinteiro, o torno e aquele ensino dos trabalhos manuais, que energicamente damos em todos os lugares, não resolvem o problema.

Está claro que é preciso criar uma nova escola. Qual? A escola "industrial" deve ocupar o lugar da escola artesanal. Tal é a exigência da nossa época.

"A questão geral sobre a *correspondência* da educação e da formação às condições de vida *modernas*" – diz Dewey – "agora se torna particularmente grave, em função do desenvolvimento industrial. Diferentes detalhes da questão podem conduzir a três disposições gerais, a três princípios morais":

> Primeiro: nunca foi tão importante como agora que cada indivíduo seja apto para um trabalho *consciente, provocante e respeitado para seu ganha-pão*, isto é, nós todos precisamos ganhar a vida para nós e para os nossos próximos e fazê-lo com respeito ao nosso trabalho e com interesse consciente na sua execução honesta.
>
> Segundo: nunca o trabalho de um indivíduo produziu efeito sobre o bem-estar dos outros *em tal* medida como agora. As condições modernas de produção e troca de produtos *unificaram*

o mundo como nunca. A guerra, agora, é capaz de causar a falência de bancos e paralisar a produção em locais distantes milhares de milhas do palco das operações de guerra. Isso é apenas uma manifestação bruta e sensorial da dependência mútua, que age continuamente no trabalho de cada agricultor, industrial, operário, comerciante, em todos os cantos do mundo.

Por isso mesmo é agora apresentada à escola a exigência, anteriormente desconhecida, *de que cada parte do ensino escolar* esteja relacionada a uma complexa *rede de atividades sociais, que ligue as pessoas umas com as outras.* Quando as pessoas viviam em pequenos grupos independentes, o dano da escola ocupada exclusivamente com questões teóricas e intelectuais foi comparativamente insignificante. O conhecimento pôde ser isolado, *porque as próprias pessoas viviam isoladamente.* Mas, em nosso tempo, a simples acumulação de informações, sem relação com as condições sociais de vida, é mais do que inútil. A aquisição de habilidades e técnicas qualificadas sem entender *como usá-las para a sociedade é quase criminosa.*

Terceiro: os métodos de produção e processos industriais agora são baseados, em uma extensão muito maior do que antes, no conhecimento dos fatos e das *leis das ciências naturais e sociais.* As nossas ferrovias, barcos a vapor, telégrafos, telefones, fábricas, fazendas, até mesmo dispositivos domésticos comuns têm base em complexas estruturas matemáticas, físicas, químicas e biológicas e dependem, para melhor uso, do *entendimento de fatos e relações da vida social.* Se as massas dos trabalhadores querem se tornar algo maior do que simplesmente uma 'ligação', 'parafusos' nas máquinas que controlam, *devem,* pelo menos um pouco, entender os fatos físicos e sociais, em cujo campo se fundamentam os materiais e as máquinas. De modo que a questão aqui se torna tão vasta e complexa que é *impossível resolvê-la.* [Destaque meu, V. N. Shulgin][27]

Está claro, dessa forma, que Dewey enfrenta uma contradição *insolúvel; ele entende* que o desenvolvimento econômico

---

[27] Dewey, J. *Escola do futuro,* p. 115-116.

do mundo impõe à escola exigências que não são viáveis dentro dos limites do regime democrático existente. "Impraticáveis", "impossíveis", elas exigem mais do que deseja Dewey. E ele? Ele não quer se separar do sistema existente, lutar pelo futuro; não, quer "atenuar as contradições", "adaptar". Este é o objetivo principal da sua filosofia. Este é o núcleo do seu sistema de ensino. "Cabe lembrar" – diz ele – que a nossa tarefa é *apenas a adaptação*, o estabelecimento da correspondência, e não a criatividade".[28] "O verdadeiro conhecimento é apenas aquele que se funda em uma capacidade que permite *adaptar-se* ao ambiente e às nossas tarefas e *adaptar* nossos objetivos e desejos às *reais condições* de vida".[29]

Quais são essas condições de vida reais, às quais é preciso adaptar-se, quais são as suas particularidades características? São a democracia e o industrialismo, responde Dewey. Ele pretende colocar a escola a serviço da "democracia em desenvolvimento". Introduzindo nela o trabalho produtivo, Dewey pensa realizar a segunda tarefa, e isso é determinado pelo objetivo e significado do trabalho: ele conecta a escola com a vida. "O trabalho produtivo pode ligar a escola com a vida, tornar-se um hábito da infância que a criança aprende diretamente com a própria vida". Mas isso lhe parece pouco, pois ele "organiza a escola em bases sociais, faz dela uma pequena comunidade, o embrião da futura sociedade".[30] "Esse caráter socializante do trabalho produtivo" – continua – "é a sua *principal* característica e uma fonte constante de influência educacional sistemática; a atividade de trabalho deve ser o centro em torno do qual são agrupados os exercícios científicos".

---

[28] Dewey, J. *Escola do futuro*, p. 116.
[29] Id. *Introdução à filosofia da educação*, p. 59.
[30] Id. *Escola e sociedade*, p. 14, 12-13, 11 e 9.

Na verdade, "o trabalho manual é a maneira pela qual se conduzem as crianças por todas as etapas da evolução da humanidade", "um meio para mostrar as necessidades básicas da sociedade e as formas de sua satisfação". Mas Dewey não para nisso. Ele julga necessário demonstrar como esse princípio se realiza na vida, descrevendo uma série de escolas em que já se conduz o ensino em conformidade com esses princípios, onde os estudantes tomam parte no trabalho socialmente necessário.

> Na quarta série (10 anos de idade), eles estudam a *produção* e o artesanato da *sua cidade ou do campo*: fábrica de sapatos, moinho, trabalho no campo. Organizam-se excursões à fábrica e à fazenda. No 5º e 6º ano da vida escolar, o estudo da indústria continua, e aqui se realiza a familiarização com as principais indústrias do mundo. O estudo da economia nas últimas quatro séries está associado ao exame da gestão. Na quarta série, fazem-se visitas e estudos dos correios locais, e na quinta e sexta série já passam para uma análise da comunicação postal nos Estados Unidos e descobrem como são enviadas as mensagens postais *ao redor do globo*. A sétima série segue com o estudo da história de algumas instituições públicas.[31]

É interessante a própria organização do trabalho. O trabalho de geografia começa com as perguntas: "O que se faz com as coisas e os produtos produzidos em nossa cidade e que não são usados por nós?"; "Onde mais são feitas coisas semelhantes, e seriam iguais ao que fazemos nós?"; "O que mais se produz aqui e como?". Finalmente: "Onde e como se produzem artigos que são trazidos até nós?".[32] "A história é estudada a partir da atualidade". Mas os adolescentes estudam o presente não apenas na sala de aula, porém de forma *organizada são introduzidos na vida*; a escola é posta a serviço dela.

---

[31] Dewey. J. *Escola do futuro*, p. 29.
[32] *Ibid.*, p. 29.

A Escola de Interlaken adquiriu um jornal local e publica uma página semanal ocupada por notícias da escola e da vida da *aldeia*. As crianças atuam como repórteres, escrevem, editam, imprimem e fazem parte do negócio: recolhem anúncios, assinantes etc. Os próprios edifícios escolares e serviços foram construídos pelos estudantes. A planta do prédio, as fundações, todos os trabalhos de carpintaria e pintura foram preparados e realizados pelos estudantes. O aquecimento e a iluminação elétrica são administrados pelas crianças. Elas mesmas instalaram a eletricidade e mantêm todo o trabalho de reparos. Perto da escola há uma fazenda de 600 acres, uma leiteria, quintal de aves, chiqueiro, a fazenda tem seu próprio arado etc.[33]

A preparação recebida pelas crianças em Gary é particularmente valiosa porque os estudos geralmente levam a algum propósito *real*, produtivo. Todas as oficinas da escola são, por assim dizer, um centro industrial que serve *às necessidades materiais* da Escola de Gary. O departamento administrativo e comercial usa a secretaria da Escola como 'laboratório'. Na aula de alfaiataria são costuradas as roupas de que os estudantes *precisam*. Na classe das artes culinárias são preparados o café da manhã *para a escola* e para vizinhos.[34]

Em outro trecho, ele continua: "a Escola foi transformada pelos estudantes em uma liga cívica, que assumiu para si a *responsabilidade pelo estado* das ruas em alguns bairros; as crianças não são apenas envolvidas em limpeza, mas fazem o melhor para interessar os cidadãos em assuntos públicos".[35]

Na mesma linha, a fim de *ajudar* a população local, "a escola está em campanha para a criação de jardins domésticos; os estudantes de jardinagem ajudam todos que querem ter o seu jardim, mostram como e o que plantar e prestam toda a

---

[33] *Ibid.*, p. 45.
[34] *Ibid.*, p. 125.
[35] *Ibid.*, p. 106.

assistência até que ele fique bem firme";[36] além disso, o próprio trabalho escolar leva em conta esses requisitos: "o jardim na escola é organizado nesse espírito, *do modo como é possível, nos quintais* dos alojamentos das crianças".[37] "Há escolas em que cada aluno ou aluna das classes mais adiantadas toma como sua a tarefa de que algumas das crianças das classes dos mais novos venham para a escola limpas e bem arrumadas; se necessário, os mais velhos consertam e lavam para os pequenos."[38]

Deste modo, a escola fica a serviço da vida; já na escola começam a ter uma participação ativa e sistemática na vida e no trabalho dos adultos, sendo, então, gradualmente puxados para esta vida; com isso executam as exigências ditadas pela vida, e a escola se adapta às necessidades dos estudantes.

> Três quartos dos estudantes em Cincinnati, como em muitas outras cidades, deixam a escola aos 14 anos. Eles têm que desistir da escola porque precisam trabalhar e ajudar em casa, e a escola obedece, vai ao encontro dessas exigências. Em uma semana um adolescente trabalha em condições normais de produção, considerando tudo o que é exigido dele como operário; na semana seguinte, ele volta para a escola e o seu lugar fica ocupado por outro estudante que escolheu a mesma profissão que ele. O seu trabalho é pago com a mesma tarifa que é paga para todos os novatos.[39]

Do ponto de vista de Dewey, esse plano "não é uma medida temporária, e logo fará parte orgânica do sistema educacional".[40]

> As crianças que estudam economia doméstica vão ter prática como enfermeiras, cozinheiras, governantas, contabilistas em

---

[36] *Id. Ibid.*, p. 103.
[37] *Id. Ibid.*, p. 103.
[38] *Id. Ibid.*, p. 103.
[39] *Id. Ibid.*, p. 132.
[40] *Id. Ibid.*, p. 134.

hospitais urbanos; estudantes que estudam arquitetura, que se preparam para a profissão de engenheiros, técnicos, terão acesso aos trabalhos práticos em fábricas urbanas e salas de desenho técnico. Tanto quando possível, todas as áreas do governo local e da economia local serão usadas como laboratório escolar. Onde não houver empresas do governo para este ou aquele interesse dos estudantes, eles irão para escritórios particulares, armazéns, fábricas que satisfaçam pela sua organização e realização da tarefa.[41]

A tarefa não é criar um trabalhador com especialização estreita, mas "dar ao estudante algumas ideias sobre as condições reais de produção, para que ele tenha um certo critério para a escolha mais consciente de uma profissão.[42]

O papel da indústria na educação e na escola [diz Dewey] não é acelerar a formação do estudante em uma profissão específica. A indústria só ajuda a avaliar o conhecimento teórico-prático adquirido por cada estudante e familiariza as crianças às condições e às instituições da vida em torno delas.[43]

Dewey é um oponente da escola profissional: "Nada poderia ser mais absurdo que a preparação para uma atividade específica" – diz ele.[44] Em sua opinião, a produção moderna exige um trabalhador amplamente educado e escolas que, segundo ele, atendam a esse requisito, mas com o trabalho devidamente organizado para que, nelas, "se ofereça treinamento para uma ou várias profissões".[45]

Nisto está o lado forte e positivo do sistema pedagógico de Dewey. Ele entendeu que a escola do trabalho *não* é casual, *não* é uma invenção da imaginação ociosa de pedagogos. Não, ela necessariamente é chamada à vida pelo andamento

---

[41] *Ilbid.*, p. 134.
[42] *Ibid.*, p. 136.
[43] *Ibid.*, p. 149.
[44] Id. *Introdução à filosofia da educação*, p. 50.
[45] Id. *Escola do futuro*, p. 118.

do desenvolvimento econômico. Ele entendeu que o desenvolvimento econômico exige uma escola industrial, que não se pode criar o operário necessário pela escola de estudos;[46] entendeu que não necessitamos de um profissional estreito, mas de uma pessoa com grande reserva de conhecimentos teóricos e práticos; que todos os programas escolares devem estar ligados à vida, que os estudantes, no futuro, *ainda* na escola, *já devem tomar* parte na construção social, que a escola deve ser colocada a serviço da vida; e, mais que isso, ele tentou mostrar como se faz isso, como isso pode acontecer.

Mas isso ainda está longe de ser tudo. Podemos colocar frente a Dewey uma pequena questão: *como*? Nós perguntamos – como ele pensa realizar na escola de massa a sua própria exigência "de mostrar as necessidades *básicas* da sociedade e as *formas* de satisfazê-las", ou ainda, a sua própria declaração de que "o trabalho manual é o caminho a ser percorrido pelas crianças por meio de todas as fases da evolução da humanidade"; como ele usa o trabalho das crianças na fábrica e na empresa? Na verdade, afinal, as fábricas para onde Dewey leva as crianças são uma fornalha, onde se forja a ideologia do proletariado, onde se forja a vontade de combate. É o lugar onde, de modo mais sutil do que em qualquer outro lugar, se sente a batida da vida universal.

Bem, estes são os pontos que entram no campo de visão de Dewey? Quer ele torná-los ainda mais compreensíveis e próximos a um adolescente? Quer ele, então, tentar introduzir os jovens nos elementos essenciais do trabalho, os quais eles tocam; fazer dos ideais da classe operária os seus ideais; exige ele, então, um professor marxista a quem propõe identificar e estudar as etapas do desenvolvimento da sociedade humana, revelar os

---

[46] No sentido de uma escola desgarrada da vida, só de estudos teóricos. (N. T.)

seus principais estímulos, descobrir as necessidades básicas da sociedade? Propõe-se ele a falar sobre a luta de classes, sobre a inevitabilidade do comunismo e da ditadura do proletariado? Afinal, sobre isso grita a fábrica, tudo nela está impregnado com isso. Essas são as necessidades básicas da sociedade. Claro que não se propõe.

Dewey exige do professor outra coisa: "*eliminar* as características de classe", obscurecer a autoconsciência de classe, justificar a "democracia"; ele exige a adaptação das escolas ao *existente*, ou seja, à sociedade burguesa, pondo as escolas a serviço do desenvolvimento da democracia, incutindo no professor e nas crianças que é a *chamada* democracia que procura alcançar uma sociedade sem classes, e a melhor forma de alcançar esse ideal não é a luta de classes, não é a luta contra a burguesia, mas a "eliminação das particularidades de classe". Nisso consiste a tarefa da escola. Ele ludibria adolescentes-trabalhadores, *procura isolá-los* da classe a que pertencem para substituir a filosofia da sua classe pela filosofia da burguesia decadente.

Ele entende perfeitamente que, "para a realização deste ideal (desenvolvimento multilateral da personalidade), *deve superar não* só a inércia da nossa ordem escolar, mas a oposição[47] das classes possuidoras",[48] e não apenas se abstém de organizar essa luta, mas não sugere as suas formas e nem convida para ela.

Ele bem sabe que a escola atual é uma escola de classe. "O ensino primário, com muito maior frequência do que reconhecido oficialmente" – escreve ele –

> não é nada mais, nas novas condições de produção e distribuição, do que uma *nova forma de aprendizagem*; [...] aqui não se fala, em absoluto, sobre *educação e desenvolvimento*, mas apenas

---

[47] Destaque meu, V. N. Shulgin.
[48] Dewey, J. *Introdução à filosofia da educação*, p. 53.

de *treinamento da capacidade de usar algumas* das ferramentas educacionais para melhorar a qualidade do desempenho das *classes trabalhadoras*. [Destaque meu, V. N. Shulgin][49]

Tal é a escola para os filhos da classe operária; mas, para "as classes abastadas, a escola é diferente" (lá mesmo).[50] Ele bem conhece o papel da democracia, não superestima a sua influência. Ele afirma que a "complexidade da vida, a acumulação de riqueza por uns, o empobrecimento de outros, faz com que a situação da democracia fique *cada vez mais difícil*".[51] A escola deve ser colocada a serviço dessa impotência e, ao mesmo tempo, por algum motivo, do "desenvolvimento da democracia", e por esse caminho, o caminho do apagamento das características de classe da criança, concretizar-se-á uma sociedade sem classes, com a oposição das classes abastadas. Como isso acontecerá é um segredo de Dewey.

Apenas uma coisa é clara: a escola existente é uma escola de classes, a escola burguesa. A burguesia é forte, não quer a escola fora das suas mãos ("oferece resistência"), não quer uma sociedade sem classes; a democracia é impotente e deseja uma sociedade sem classes, mas não julga necessário lutar contra a burguesia; mas, de toda forma, é ela quem vai ganhar. "Está claro que não podemos colocar para a educação quaisquer objetivos externos".[52] "Tentamos mostrar que a educação não pode ter um objetivo, mas deve haver uma *série de objetivos*, na dependência do tempo";[53] "o objetivo e o processo da educação são a mesma coisa",[54] mas ao mesmo tempo, "o conteúdo do

---

[49] Dewey, J. *Escola do futuro*, p. 111.
[50] Nos Estados Unidos. (N. T.)
[51] Dewey, J. *Escola do futuro*, p. 150.
[52] Id. *Introdução à filosofia da educação*, p. 16.
[53] *Ibid.*, p. 18.
[54] *Ibid.*, p. 13.

trabalho escolar e os métodos de ensino devem corresponder, e corresponder de forma positiva e ativa, ao objetivo estabelecido, que é o desenvolvimento da democracia".[55] É assim que Dewey se atrapalha em contradições, incapaz para resolvê-las e para ligar os pontos; assim, sonhando com uma sociedade sem classes, ele de fato atua em favor da burguesia.

Essa confusão teórica se transforma em toda uma filosofia, a filosofia da reconciliação, da conciliação de disputas, em pragmatismo. Uma classe que está morrendo, da qual Dewey é representante de seu pensamento, não pode, é claro, criar qualquer outra filosofia. Ela tem tudo no passado, ela não tem futuro e, portanto, não tenta resolver as contradições (a sua resolução é igual à sua destruição), mas reconciliar, suavizar. Portanto, também a sua pedagogia de reconciliação, "da eliminação das contradições", é impotente e inconsistente.

Para substituí-la vem a classe-construtora, que é a classe com futuro, o proletariado. A sua filosofia é unidade, de destruição das contradições, da sua solução. A sua pedagogia é da luta pelos seus ideais que ainda não foram alcançados, pelo futuro. E ela cresce do presente e, quanto mais alto é o estágio do desenvolvimento econômico, mais claros são vistos esses germes, mais fortemente aparecem no regime burguês, mais gritantes e mais vívidas se tornam as contradições. A pedagogia de Dewey é a pedagogia da época imperialista; ela nasceu no país mais desenvolvido do mundo; eis por que nela, de modo mais claro do que em qualquer outro lugar, os germes do futuro encontram seu reflexo; eis por que são mais visíveis as contradições.

Mas essas contradições não são contradições individuais de Dewey. Elas são compartilhadas com ele por todos os adeptos da escola burguesa do trabalho. Em seus adeptos, elas são apenas

---

[55] *Id. Escola do futuro*, p. 150.

mais inexpressivas, indefinidas, mas Dewey as tem mais claras (já vimos por que), e todos as compartilham. Isso é inevitável. O mesmo processo que dá origem à escola do trabalho industrial exige outras formas de vida social e de Estado. O desenvolvimento econômico do mundo chegou à etapa em que não se encaixa na estrutura da sociedade burguesa, contradiz essa, e tal estrutura trava o caminho correto e progressivo do desenvolvimento, impede o desenvolvimento da escola do trabalho. A escola do trabalho é o germe do futuro. Ela introduz os estudantes no ambiente de trabalho, junta-os à classe-construtora, leva-os até a fábrica, onde é forjada a ideologia do proletariado, a vontade para a luta; ensina o adolescente, lentamente, a caminhar junto com a classe-construtora, coletivamente, construindo com ela o futuro. Mas tal questão é resolvida somente no período de transição, somente quando o poder se encontra nas mãos dos trabalhadores e camponeses. Aqui são destruídas as contradições.

E no Estado burguês? Ensinar um adolescente a trabalhar como um bom trabalhador, viver nas condições da sua existência, muni-lo com a ideologia burguesa, prejudicial, hostil à sua classe, que o impede de compreender o seu próprio ser, a sua finalidade, o seu próprio papel, o papel da sua classe, é uma tarefa intimamente hipócrita, contraditória, da escola burguesa do trabalho. Não poderia ser ao contrário. Daí toda a impotência, o emaranhado e a confusão.

"A escola ilustrativa também é uma escola do trabalho, é um passo em direção à do trabalho", dizem os professores burgueses. Será que é verdade? Claro que não. Nós temos, agora, essa afirmação sendo feita por sabichões de má-fé e simplórios pouco inteligentes. Mas isso não significa que queremos jogar fora completamente as aplicações, ilustrações etc. Não, isso é útil. Essa é a *melhor* maneira de aprender, entender, fixar na memória, mas *apenas* isso, e esta *não* é a escola do trabalho. Por mais que esse método seja utilizado, ele não nos introduzirá no ambiente de trabalho, na produção, não dará a oportunidade de entender e aprender a viver com os ideais da classe operária, lutar por eles, e isso é *fundamental*. E quando lhes dizem que "a escola ilustrativa é um passo em direção à escola do trabalho", não acreditem: eles pretendem desviá-los *para longe* da escola do trabalho. Por quê? Porque nas condições da época de transição, a escola do trabalho *já é por si* uma escola que educa os lutadores pelos ideais da classe operária, dos construtores da sociedade comunista. E nem todos gostam disso: eis por que há muitos que sonharam com a escola do trabalho e a criaram sob a burguesia, mas agora no Estado operário-camponês não constroem uma escola do trabalho, mas uma escola ilustrativa.

Mas, e quanto ao autosserviço?[56] Qual é o seu papel? Seria a escola de autosserviço a escola do trabalho? Claro que não. É possível e existe atualmente uma verdadeira escola do trabalho que não tem nenhum autosserviço: a escola de aprendizagem de fábrica;[57] mas uma escola totalmente impregnada com autosserviço nunca pode se transformar em escola do trabalho. Nós nunca idealizamos o autosserviço, nunca o decretamos e, no entanto, o primeiro período do nosso desenvolvimento é caracterizado *principalmente* pela introdução, na escola, do autosserviço da criança no orfanato. Por quê? Acho que há duas razões: a nossa pobreza e a ideologia pequeno-burguesa

---

[56] Autosserviço: serviço que prestamos aos outros e a nós mesmos. (N. T.)
[57] Em russo: *fabzavut*. Escolas de aprendizagem de fábrica (Escolas FZU) eram um tipo de escola para a formação profissional inicial na URSS e existiram até 1940. Podiam entrar estudantes de 14 a 18 anos que ministravam também a formação geral. Elas estavam instaladas em grandes empresas e eram destinadas a formar trabalhadores qualificados. Depois de 1930, as disciplinas de formação geral foram diminuídas em sua carga horária. (N. T.)

do professor. Não há recursos: está sujo, frio, mas não há *nada a fazer, devemos atender* a nós mesmos. Mas para nós não é o ideal; é uma *necessidade amarga, e só isso*; mas devemos aplicá-lo de modo racional nas esferas da educação e formação. O autosserviço é o trabalho menos produtivo, mais irracional e antiquado. Nós não somos "tolstoianos"; para eles, o autosserviço é "um sinal do reconhecimento sincero da igualdade das pessoas", porque eles estão convencidos de que "o principal defeito da nossa sociedade foi e continua sendo até agora o desejo de libertar-se do trabalho manual e usar, sem troca recíproca, o trabalho das classes carentes, ignorantes e pobres".

> O primeiro sinal da sinceridade das pessoas da nossa classe que praticam princípios cristãos, filosóficos ou humanos é um esforço para se livrar, tanto quanto possível, dessa injustiça. *O meio mais simples que sempre está à disposição* para consegui-lo é o trabalho manual, que começa pelo *cuidado de si mesmo*.[58]

Nós não compartilhamos esses pontos de vista. Sabemos que a principal insuficiência *não* é essa, que a saída desta situação *não é essa*, que a questão não é que todos façam autosserviço, mas que todos sejam libertados dele, para que a máquina esteja em toda a parte a serviço do homem, e isso se pode conseguir não pelos meios que recomenda Tolstoi e os seus seguidores.[59] Nossa tarefa é superar esses momentos de incômodo, reconstruir, não para se conectar com a obsolescência do passado, mas para levar as crianças ao presente e ao futuro, para introduzi-las na produção, familiarizar e ensinar a elas um trabalho qualificado.

Mas, e o trabalho agrícola, a escola do campo? O que fazer com ela? Haveria algum passo na direção da escola do trabalho?

---

[58] Tolstoi, L. N. "*Trabalho manual e atividade mental*", publicado por *Mediador*, 1911, p. 3-4.
[59] Lev Nikolaevich Tolstoi (1828-1910), escritor e professor russo. (N. T.)

Sem dúvida, ela introduz a criança no ambiente de trabalho, atrai-a para o trabalho produtivo, mas aqui, é claro, à nossa frente sempre fica o mesmo problema: conhecer formas racionais de agricultura, familiarizar-se com o trabalho agrícola, as ferramentas, ensiná-la como as usar, mostrar e refletir sobre a questão de onde e como você pode começar a reconstruir, introduzir novas formas, métodos aprimorados de processamento em uma determinada aldeia. Assim se resolve o problema dos objetivos do trabalho.

Para nós, o trabalho é a melhor forma de introduzir as crianças no ambiente de trabalho, de se ligar com a classe--construtora, e não apenas para entendê-la, mas para viver sua ideologia, aprender a lutar, aprender a construir. Mas isso é pouco para nós; o trabalho é uma forma de introduzir os estudantes na família trabalhadora mundial para participar de sua luta, compreendê-la, seguir a história do desenvolvimento da sociedade humana, obter hábitos coletivos de organização e trabalho, de aprender a disciplina do trabalho. Para nós, o trabalho é o fundamento da vida, o fundamento do trabalho educacional, é a melhor maneira de ensinar os estudantes a viver na atualidade, o melhor caminho para se conectar com ela: uma fábrica, uma planta fabril, é o melhor e mais sensível registro da atualidade. Assim, fundem-se em uma unidade indivisível a auto-organização, o trabalho, a atualidade, e são puxados, trazidos para a vida pelo curso do desenvolvimento econômico que exige uma escola necessária para a classe-construtora, a classe operária, uma escola que educa o lutador e o construtor da vida.

E se nos perguntarem o que é a escola do trabalho, não responderemos como Sharrelman, não vamos nomear as 15 características, não terminaremos a nossa definição pela frase "e outros do mesmo tipo", não seremos sacudidos pelas contradições como Dewey. Não. Diremos com clareza e precisão:

perguntam sobre a escola do trabalho? Ótimo. Esta é uma escola que forma lutadores pelos ideais da classe operária, construtores da sociedade comunista. Ela está toda impregnada de cima a baixo com a atualidade. Organizada pelos estudantes com ajuda de dirigentes com base no trabalho, é guiada pela trajetória de vida do desenvolvimento econômico; essa escola é a escola operária,[60] que é a demonstração de que a sociedade burguesa está morrendo, que a classe-construtora vem para substituí-la, que os seus objetivos são os objetivos dela, e que ela os põe em prática.

---

[60] Em 1930, quando este artigo "Sobre os objetivos do trabalho" é republicado no livro *Rumo ao Politecnismo*, de V. N. Shulgin, em um período de maior clareza sobre as características politécnicas da escola, puxada pela rápida industrialização da Rússia, denominará essa escola de Escola Politécnica Operária. (N. T.)

V. SOBRE A QUESTÃO DA FORMAÇÃO DE PROFESSORES

A velha escola é uma escola solitária, uma escola na qual não se estuda a vida, uma escola que não prepara para a vida, uma escola que foi arrancada da vida, artificialmente isolada dela. E o professor nela não é uma pessoa pública, nem um organizador, nem um construtor, nem um lutador, mas um burocrata que transmite às crianças determinados grãos de sabedoria.

Ele não coloca a escola a serviço da vida para atender às necessidades locais, não a inclui na rede de interesses, de solicitações e ações locais; ou seja, não a conecta com o fluxo da atualidade.

Dia a dia, ano a ano, ele ensina a mesma coisa, como se tudo à sua volta continuasse igual, como se a sua escola vivesse em uma ilha deserta, fora do tempo, fora do espaço.

Na velha escola, o professor é um solitário. Se ele está ocupado com problemas pedagógicos, então esses são problemas seus, ele os resolve *sozinho*; ele não tem comunicação *constante* e sistemática com os camaradas de trabalho, não verifica as tarefas colocadas pelo coletivo, os programas desenvolvidos pelo *coletivo*, é um proprietário-solitário, e em seus domínios é o seu próprio senhor.

O professor não está conectado às instituições científicas e pedagógicas, é abandonado e esquecido por elas e, se ele mesmo as alcança, mais em sonhos, muitas vezes vive de seu trabalho, de suas realizações, ficando para trás ano após ano. Ele tem a escola, tem as crianças e as ensina, mas não tem "nada" para organizar, não pode fazer e não sabe o que é isso, não é um educador, não é um construtor nem um criador.

Ele está ligado à aldeia há décadas, os camponeses adultos são seus estudantes, mas, entre a escola e eles, entre ele e suas vidas etc., não há nenhuma conexão orgânica, e embora cada um deles conheça um ao outro até os detalhes, eles não se ajudam, e, se o contrário acontece, é muito raro e depois de muito estresse por parte de alguém.

Eles não trabalham juntos para resolver problemas comuns, frequentemente nem mesmo sabendo que existem; eles estão por fora, "não sabem de nada". E tendo estudado vários anos na escola, criado seus filhos, o camponês não sabe o que a escola lhe deu, não sabe se precisa disso. A escola não está posta a serviço da vida real, não responde às demandas, necessidades e indagações da aldeia, é alheia ao camponês; a escola não vê que lá fazem um trabalho necessário para ela. Este é um caso em milhares de casos.

O professor não é uma figura pública, não é um membro ativo de uma determinada unidade social, não é um construtor. Assim foi a velha escola, assim era o professor necessário para um passado que já se foi.

O professor-construtor que observa a vida, a estuda, trabalha com os camponeses para resolver suas necessidades, o professor que é uma figura pública, que chama as crianças para a mudança, que os ensina como conseguir isso, é um professor revolucionário, e do ponto de vista do policial, da autoridade e do antigo regime é uma pessoa perigosa, criminosa. Esse professor foi sistematicamente expulso e encaminhado para um "alojamento do Estado". E, para que ele não ousasse pensar nesse tipo de atividade, do lado dele, foram colocados os policiais do rei do céu e do rei da terra, e uma série de instruções burocráticas e livros da Sagrada Escritura, que proíbem reuniões etc.

Ele foi educado em instituições de ensino onde davam a conhecer tudo o que não se relacionava à vida atual, e onde não se falava sobre o que estava acontecendo ao redor, incutindo nele somente que tudo estava bem e próspero, que nada poderia ser diferente, pois tudo está sancionado por deus; e sonhar com outra coisa na terra, nesta vida, é criminoso, e estes que assim fazem, diziam, são perseguidos pela sociedade, pelo Estado e são pessoas odiadas pelos céus. Era assim que resolviam o problema.

Recebemos como herança uma escola isolada, uma escola que o camponês não sabe para que serve. Também não sabe a criança que se aborrece e se desinteressa pela escola, que deseja viver, mas a escola só promove a luta contra a vida e contra todas as duas manifestações, estando pronta para castigar.

Recebemos como herança um professor que nada sabe, a não ser como ensinar, e dele, agora, exigem uma coisa tão complicada como viver, viver com as crianças e ainda dizem a ele: viver significa construir, organizar, lutar por ideais que estão diante de nós e ajudar as crianças nisso, partindo de um presente concreto, pensando na questão sobre como se pode reconstruir uma determinada região concretamente, quais são os pré-requisitos para isso etc., e fazer isso entendendo toda a construção da república, do mundo.

E do professor parece que exigem algo extraordinariamente difícil, e ele resmunga para si mesmo (uma minoria agora): "antes, sempre se exigiu a mesma coisa para ensinar a lei de deus, agora, é a construção soviética". Parece-lhe que, de novo, violam a sua personalidade e vontade, não lhe permitem agir por si mesmo.

Porém, os mais jovens e fortes (menos no nível dois,[1] lá nove professores entre dez estão mortos) respiram fundo e gritam com sinceridade e clareza: "ajudem-nos, precisamos disso, é isso que falta, a escola deveria ajudar na reconstrução organizando o novo, mas não sabemos nada (já os professores do nível dois "sabem tudo", pois têm tudo no passado), não podemos fazer nada. Digam-nos por onde começar, como se aproximar das crianças, como trabalhar com elas, o que é preciso estudar. Essas questões são as que nossos professores deveriam saber, que deveriam ser capazes de fazer.

Por dois caminhos podemos nos aproximar desta questão: por meio de um plano quinquenal de "requalificação" de professores e por meio da reforma dos institutos pedagógicos. O desafio é extraordinariamente grande; é hora de formular com precisão os requisitos e as tarefas.

Quem deve ser o nosso professor? A escola deve formar "um lutador pelos ideais da classe trabalhadora, um construtor da nova sociedade comunista". Isso me parece determinar o papel e a importância do professor. Isso, é claro, também determina a gama de conhecimentos, hábitos e habilidades necessárias para ele, ou seja, métodos, volume, organização.

O professor não deve ser um ignorante, nem um semianalfabeto, mas uma pessoa com formação científica (isto é, um marxista) que conhece e entende a atualidade, que participa de sua construção, estimulando as crianças a se tornarem lutadoras e construtoras.

Como isso pode ser alcançado?

---

[1] O primeiro nível de ensino tinha cinco anos de duração, e o nível dois, quatro anos, no ensino básico. (N. T.)

Parece-nos que, para isso, os nossos institutos pedagógicos e as nossas escolas técnicas pedagógicas devem ser amplamente reestruturados: em primeiro lugar, devem familiarizar os estudantes com a *produção* fabril e agrícola. Para isso, cada estudante deve estudar pelo menos uma aldeia típica de cima a baixo, não apenas por meio de livros, mas *pessoalmente*, para estudá-la *em todos* os seus aspectos. Deve conhecer a economia, a tecnologia, a ideologia da aldeia, conhecer a área local, ser capaz de trabalhar na agricultura, *ser capaz de responder à pergunta de como é possível, em determinadas condições específicas e dados alguns pré-requisitos, pôr a aldeia em movimento;*, deve também aprender a conversar com um camponês; saber quando e o que pode ser oferecido a ele; saber até onde pode ir, ser capaz de conseguir isso, ser capaz de fazer isso aonde quer que ele vá, deve saber que esse é o primeiro requisito apresentado a ele como professor. Tornar-se um construtor.

Entretanto, isso é pouco; o professor também deve estar familiarizado com a produção fabril. Ele deve conhecer não apenas a ideologia da classe trabalhadora, seu modo de vida, sua organização, suas formas e seus métodos de luta. Deve absorvê-la para si mesmo e, *idealmente, começar a viver por ela – ela deve tornar-se sua ideologia.*

Ele deve aprender a falar com os trabalhadores, a conduzir o trabalho educativo e cultural com eles. É por isso que um estudante deve trabalhar vários meses na fábrica, na própria produção, nas máquinas, e não só ali, mas também em organizações culturais, educacionais e profissionais, com seriedade e ponderação – e a melhor avaliação nesse contexto é o reconhecimento do sucesso pelos trabalhadores da fábrica. Devemos aprender a nos aproximar do trabalhador pouco desenvolvido, devemos aprender a trabalhar com seriedade na oficina e no campo.

Esse é o eixo em torno do qual se agrupa todo o trabalho educacional geral e aqui estão as fontes dos principais problemas. Aqui, ele examina mais de perto a "socio-fisiologia" da classe trabalhadora e do campesinato, após a qual poderá encontrar uma melhor abordagem não só deles, mas também de seus filhos, aprender a não separar a escola da vida, mas colocá-la a serviço da vida.

Porém, na fábrica, ele aprenderá a sentir com mais clareza o pulso da vida. Ali ele aprenderá a ver a unidade da economia mundial, a luta de classes. Verá a dependência que o pensamento tem da existência. Ali a história e a modernidade se desdobrarão diante dele. A questão da relação entre cidade e campo ficará mais clara. Essa é a questão fundamental da nossa revolução.

Assim, o trabalho prático impulsiona a necessidade de compreendê-lo (cursos teóricos, biblioteca) e de enraizá-lo na vida (ligação com o comitê executivo da província etc.). Já o trabalho em uma fábrica ou em um departamento cultural instigará o estudante por esse caminho. Deve necessariamente participar de reuniões do conselho municipal, congressos etc., deve pesquisar instituições infantis na província, distrito e outros lugares. Assim, não deve apenas ouvir os relatórios da secretaria de educação pública sobre a reconstrução social (seja dentro ou fora do instituto de formação), mas também familiarizar-se na prática com o trabalho educacional-cultural. Isso é um milhão de vezes melhor do que todas as escolas mais experientes.

A questão central não é poder trabalhar sozinho em sua escola, mas coletivamente em uma rede de escolas e, para isso, o professor precisa saber como transcorre o trabalho, para poder se organizar e trabalhar coletivamente. Portanto, *em primeiro lugar*, o centro das atenções são a pesquisa e a discussão – como pode melhorar, como podem ser organizadas as escolas de um distrito (unindo uma dezena de escolas), como melhorar o trabalho em equipe e trabalhar com os professores.

A mesma abordagem é aplicada ao estudo da chamada psicologia infantil. A influência das fábricas, ruas, famílias e das escolas na formação do organismo da criança é o tema principal. Na aldeia, em vez de fábrica, existe a aldeia e nada mais. A pesquisa, é claro, deve ser realizada em uma fábrica e em uma aldeia. Isso dá material suficiente. Ela revelará as peculiaridades, a "psicofísica" da criança trabalhadora e camponesa e as características da idade, as "características sexuais", entre outras, ao longo de toda a linha, desde um pré-escolar até um estudante de escola de fábrica.[2] É assim que a questão do estudo da pedologia deve ser resolvida.

A teoria e prática da educação social é o resultado do conhecimento das instituições infantis, pesquisas no bairro e de tendências pedagógicas do último século (a pedagogia chinesa e outras devem ser descartadas) do sistema de educação pública que se conecta à construção da URSS, às instruções do departamento de educação pública da província, à organização interna da escola, às suas instalações, e à higiene escolar. De temas sobre porque e como é necessário modificar tal e tal escola.[3] Da história natural do lugar, excursões de ciências sociais para vários grupos, de duração variável em nossa província (cultura física), tipos e formas de organização do trabalho.

Por fim, cada estudante deverá se familiarizar com a finalidade, a organização e o trabalho prático da União da Juventude

---

[2] *Fabzavuchnika*, em russo, que significa estudante de escolas de preparação de trabalhadores para profissões de massa. (N. T.)

[3] Eu me debrucei sobre as disciplinas pedagógicas com mais detalhes porque, de todos os lugares "mortos" nos institutos pedagógicos e nas escolas técnicas, este é o mais mortal. Tendo conhecido várias dessas veneráveis instituições, nunca vi nenhuma reforma nesse sentido. E é hora, seis anos já se passaram.

Comunista e do Grupo dos Pioneiros, não só em nosso país, mas também no exterior. Não só para conhecê-los, mas também para trabalhar com eles em suas organizações, em suas tarefas, para identificar a relação entre elas e a escola, para encontrar a abordagem certa. É assim que o estudante é introduzido no estudo da atualidade, na construção soviética; é assim que conhece a ideologia, o modo de vida, as formas de luta da classe trabalhadora pelos seus ideais; a relação entre a cidade e o campo, as instituições infantis e a sociofisiologia da criança; é assim que ele aprende a se construir. E, ao mesmo tempo, ele organiza a vida, a vida de seu coletivo, a convivência em novas bases coletivas.

No entanto, seria, é claro, completamente errado se todo esse material de pesquisa coletado, toda essa experiência adquirida, todos esses cenários, tão instrutivos e importantes, perecessem, não fossem reunidos. Não, os objetivos da educação que formulamos exigem uma organização diferente. Uma escola técnica pedagógica deve ter um museu da região local nela, com o material que é coletado pelos estudantes no decorrer de seus trabalhos práticos. "A aldeia da nossa província, como ela é", "a fábrica", e assim por diante – todo o material de pesquisa é transferido para lá, é usado por eles. Os grupos seguintes também vão usar, acumulando novo material.

Mas também deveria haver um museu de recursos visuais e obras infantis, pois são materiais para estudo, estudo dos estudantes, coletados por eles, e eles precisam desses materiais não só quando estão estudando. Eles se formaram. Vão ensinar. A conexão entre eles e a instituição não deve ser interrompida. Eles lhe enviam materiais (são os seus correspondentes) que foram recolhidos por ordem deles e por iniciativa própria, eles voltam à instituição com pedidos e dúvidas, e voltam a ela de tempos em tempos. Isso dá origem a um escritório de informações permanente e cursos periódicos.

Um instituto pedagógico e uma escola técnica devem ter uma biblioteca pedagógica central, uma comunicação constante com outros institutos, organizações científicas pedagógicas etc.[4] E em sua parte científica, a instituição deve estar completamente saturada de atualidade, conhecer as últimas conquistas e descobertas, informar os professores sobre elas, e assim por diante. O instituto deve se tornar para as escolas distritais, antes de tudo, o mesmo que elas são para a escola comum. Ele deve estar constantemente em contato com o centro. Ele deve, de tempos em tempos, organizar exposições para todos os professores em conjunto com eles, e para seus estudantes, deve ter pelo menos um pedaço de terra para experiências, sendo desejável ter oficinas. Então, o próprio instituto, a escola técnica e o estudante fazem "atividades para fora da escola", se quiserem, em algum tema do trabalho. Isso é naturalmente necessário, não pode ser de outra maneira: todo trabalhador social partidário é, de alguma forma, um estudante fora da escola, principalmente no período de transição.

---

[4] Para obter mais detalhes, consulte meu artigo no n. 2 da revista *Caminhos para uma nova escola*.

Este livro foi composto com tipografia Adobe Garamond Pro e impresso em papel triplex ningbo fold e bivory bulk 2.0 65g na gráfica Cromosete, para a Editora Expressão Popular, em junho de 2022.